Werner Burckhardt (Hrsg.)

Schlank, intelligent und schnell

Gabler Forum in der
Edition GABLERS MAGAZIN

EDITION GABLERS MAGAZIN

Werner Burckhardt (Hrsg.)

Schlank, intelligent und schnell

So führen Sie Ihr Unternehmen zur Hochleistung

GABLER

Die Deutsche Bibliothek – CIP-Einheitsaufnahme

Schlank, intelligent und schnell : so führen Sie Ihr Unternehmen zur Hochleistung / Werner Burckhardt (Hrsg.). – Wiesbaden : Gabler, 1992
(Gabler-Forum in der Edition Gabler's Magazin)
ISBN 3-409-18731-6
NE: Burckhardt, Werner [Hrsg.]

Der Gabler Verlag ist ein Unternehmen
der Verlagsgruppe Bertelsmann International.
Betriebswirtschaftlicher Verlag Dr. Th. Gabler GmbH, Wiesbaden 1992
Chefredaktion: Dr. Andreas Lukas
Lektorat: Kirsten Werner

Druck und Verarbeitung: Wilhelm & Adam, Heusenstamm

Printed in Germany
ISBN 3-409-18731-6

Vorwort

Unbestritten ist heute, daß wir uns mit wachsendem Tempo in neuen Strömungen vielfältiger Veränderungen bewegen, die das Umfeld jedes einzelnen und insbesondere das Umfeld von Unternehmen erfassen.

Schlank, intelligent und schnell könnte deshalb die Erfolgsformel für die Unternehmen lauten, die die rasanten Markt-, Wettbewerbs- und Technologieveränderungen aufgreifen und sich flexibel, kreativ und proaktiv zunutze machen. Schon seit einiger Zeit wissen wir um die hohe Dynamik. Und in diesem Jahrzehnt wird die Frage nach der Beeinflussung und der Beherrschung der Entwicklungen immer evidenter.

Für Unternehmen bedeutet dies, jetzt Defizite bei den bisherigen Erkenntnissen und Erfahrungen aufzudecken und die Dynamik durch gezieltes praxisnahes Lernen und eigene Kreativität zum Nutzen und zum gesunden zukünftigen Bestehen des Unternehmens umzusetzen.

Genau hier setzte das Gabler Forum „Management der Hochleistungsorganisationen" an. In diesem Buch aus der Reihe Edition GABLERS MAGAZIN wollen wir mit den theorie- und praxiskompetenten Beiträgen des Forums konkrete Wege zeigen, wie Unternehmen zur Hochleistung gelangen können.

Die Autoren öffnen dazu ein weites Feld und schärfen unser Bewußtsein. Denn es ist richtig, wenn Tom Sommerlatte konstatiert, daß wir bisher zu wenig Gedanken darauf verwendet haben, wie wir unsere Unternehmen auf Dynamik und Veränderungen ausrichten können. Der Marketingexperte Prof. Heribert

Meffert zeigt dazu einen Weg zum evolutionären Marketing. Und der St. Galler Prof. Knut Bleicher stellt die Frage nach der Vertrauensorganisation und zeigt, wie Führungskräfte den gesellschaftlichen, ökonomischen und technologischen Wandel frühzeitig in ihre Strategien einbauen und miteinander in erfolgreiche Taktiken und Aktionen umsetzen. Dabei soll nicht nur das Überleben, sondern auch die Entwicklungsfähigkeit und robuste Gesundheit der Unternehmen gesichert werden.

Wiesbaden, August 1992

Werner Burckhardt
Andreas Lukas

Inhaltsverzeichnis

Die Hochleistungsfabrik – das schlanke Geheimnis der „Hidden Champions"

Benchmarking – aus eigener Kraft zur Spitzenleistung

Unternehmen zu Hochleistungs-organisationen entwickeln – wie und warum?

Tom Sommerlatte

Im internationalen Wettbewerb müssen deutsche Unternehmen ein neues Leistungsverständnis entfalten, wenn sie ihre Marktposition halten wollen. Die Entwicklung hin zum europäischen Binnenmarkt, die Globalisierung des Wettbewerbs in vielen Industrien und die immer umfassendere Bedrohung durch japanische Konkurrenten haben dazu geführt, daß von deutschen Unternehmen eine neue Kombination von Stärken gefordert wird:

- Flexibilität,
- Schnelligkeit,
- Kosteneffizienz und
- Qualität der Kundenorientierung.

Warum sind die Unternehmen in diesen Dimensionen neuen Herausforderungen ausgesetzt, und wie können und müssen sie sich darauf einstellen?

Herausforderung Flexibilität

Wir wissen, daß sich das Markt-, Wettbewerbs- und Technologieumfeld heutzutage mit hoher Dynamik verändert. Aber wir haben zu wenig Gedanken darauf verwandt, wie wir unsere Unternehmen darauf ausrichten können, sich diese Dynamik zunutze zu machen. Wir wissen alle aus unserer persönlichen Erfahrung, daß in einem dynamischen Umfeld hohe Lernfähigkeit zu Überlegenheit führt (siehe Abbildung 1).

Wer neues Wissen bereitwillig und hellhörig aufnehmen und verarbeiten kann, wer für neue Erkenntnisse und Erfahrungen frühzeitig empfänglich ist und diese nutzt, um Defizite bei den bisherigen Erkenntnissen und Erfahrungen aufzudecken, der ist auch in der Lage, sein bisheriges Verhalten in Frage zu stellen und ein neues, angepaßtes Verhalten zu entwickeln, das ihn all denen überlegen macht, die weniger aufnahmefähig sind und weniger schnell lernen, sich den veränderten Umständen entsprechend zu verhalten.

Aber wir setzen selbstverständlich voraus, daß die Mitglieder einer Organisation durch ihre individuelle Lernfähigkeit bereits in der Lage sind, ihre Organisation, ihr Unternehmen zu einem neuen Verhalten zu bringen.

Daß dem meistens nicht so ist, liegt daran, daß die verschiedenen Organisationsmitglieder aufgrund ihrer unterschiedlichen Ausbildung, Verantwortlichkeit und Aufgabenstellung auch eine unterschiedliche Perzeption von neuen Erkenntnissen und Erfahrungen haben.

Häufig sehen beispielsweise die F&E-Mitarbeiter eher die Bedeutung und Möglichkeiten neuer technologischer Entwicklungen, die sie zu groß angelegten F&E-Anstrengungen stimulieren, während die Marketing- und Vertriebsmitarbeiter eher die unmittelbare Wettbewerbs- und Nachfragesituation erfahren und darauf drängen, immer wieder kleinere Entwicklungsschritte zu tun. Daraus wird aber keine Strategie; die einzelnen Verantwortungsbereiche können sich vielmehr, wie wir es immer wieder beobachten, mit den besten Absichten auseinanderentwickeln.

Damit das Unternehmen insgesamt lernt, das heißt sich geschlossen auf neue Umfeldbedingungen einstellt, ist ein Abstim-

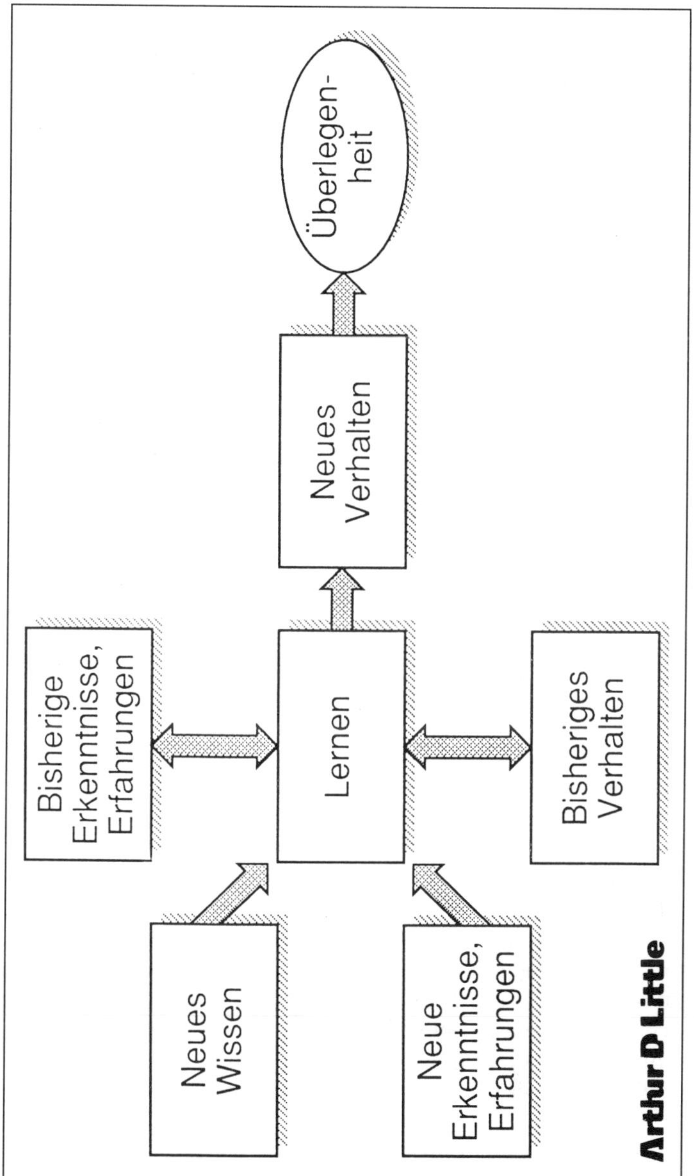

Abbildung 1: Lernfähigkeit führt zu Überlegenheit

mungsprozeß zwischen den Mitarbeitern und Verantwortungsbereichen des Unternehmens erforderlich, in dem das Verhalten der unterschiedlichen Funktionen im Sinne einer Gesamtstrategie angepaßt wird. Alle zusammen müssen ihre neuen Erkenntnisse und Erfahrungen mit der bisherigen Strategie und dem bisherigen Verhalten vergleichen und daraus eine neue Strategie ableiten, die das zukünftige Verhalten der einzelnen Beitragenden bestimmt (siehe Abbildung 2). Unternehmen, die diesen Abstimmungsprozeß beherrschen und Strategie als Lernmedium verstehen, sind in der Lage, sich schneller und geschlossener auf neue Markt-, Wettbewerbs- und Technologiebedingungen einzustellen als andere – sie sind flexibler.

In deutschen Unternehmen ist Strategie stattdessen häufig zu einem Reglementierungs- und Kontrollmechanismus von oben geworden, der Abstimmungsprozesse verlangsamt und Flexibilität beeinträchtigt, der auch die Verhaltensanforderungen an die einzelnen Funktionsbereiche vernachlässigt.

Hochleistungsorganisationen beherrschen das organisatorische Lernen. Während Organisationen mit schlechter Lernleistung einen fortschreitenden inhärenten Leistungsschwund zu verzeichnen haben, weisen Organisationen mit hoher Lernleistung eine Innovationsdynamik auf. Denn schlechte Lernleistung bewirkt eine wachsende Diskrepanz zwischen der Selbstdarstellung des Unternehmens nach außen und den Spielregeln und der Motivation im Unternehmen, hat eine allgemeine Unsicherheit über die Erfolgsfaktoren im Markt zur Folge und bedingt schließlich immer stärkere Zeit- und Energieverluste durch unternehmensinterne Auseinandersetzungen und Abgrenzungen (siehe Abbildung 3). In Hochleistungsorganisationen dagegen besteht ein Konsens über die entscheidenden Leistungsprozesse, zu denen alle Funktionsbereiche in abgestimmter Weise ihr Schärflein beitragen, aufbauend auf gemeinsamer Sicherheit über die kundenorientierten Erfolgsfaktoren und resultierend in hoher Schnelligkeit und Durchgängigkeit der Anpassung.

Deutsche Unternehmen müssen in der Regel noch einen weiten Weg gehen, um auf ihre Weise die Lernleistung zu erbringen,

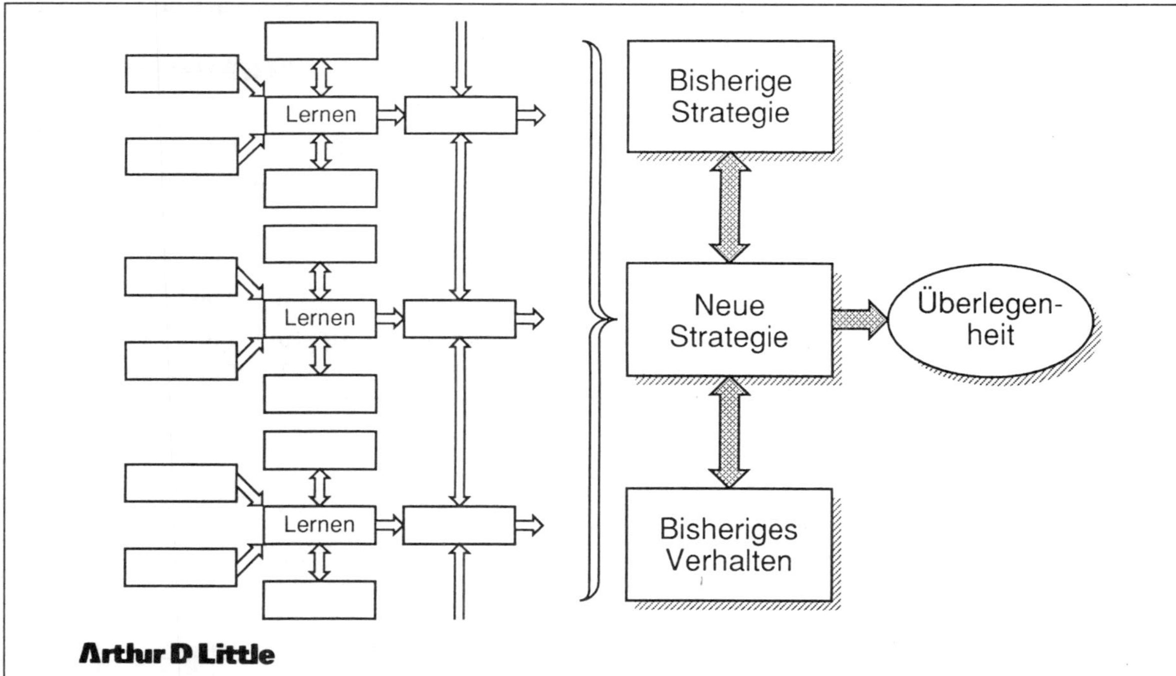

Abbildung 2: Organisatorisches Lernen ist mehr als das Lernen der einzelnen Organisationsmitglieder

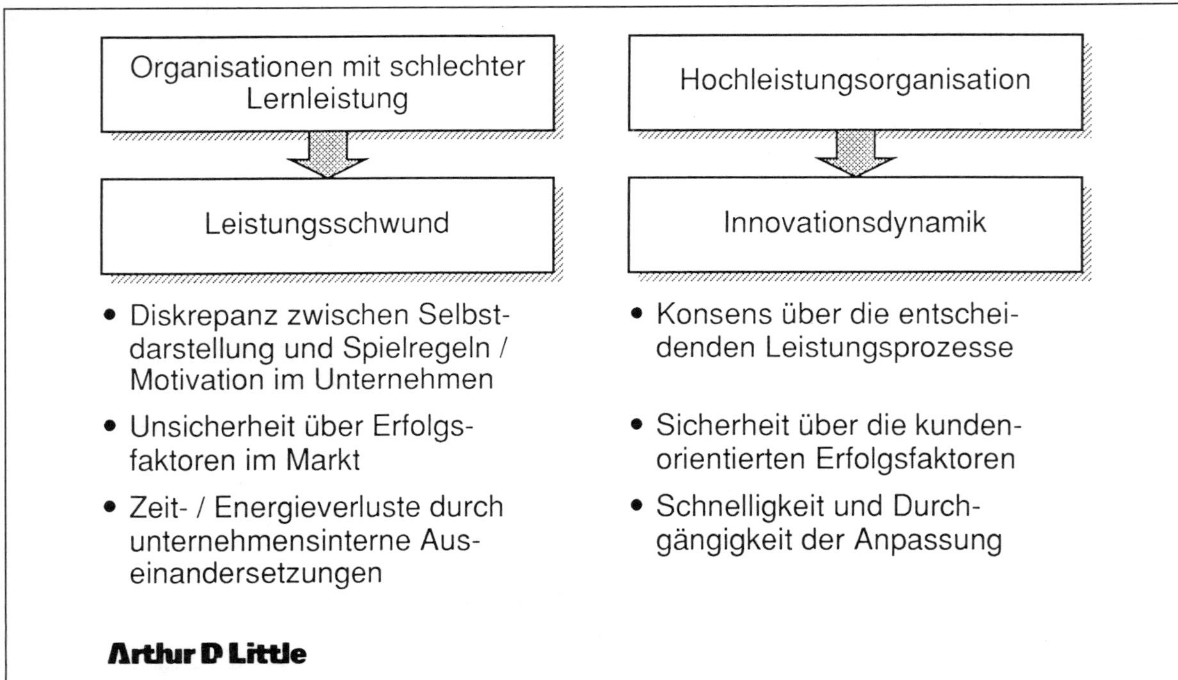

Abbildung 3: Hochleistungsorganisationen beherrschen das organisatorische Lernen

die in japanischen Unternehmen gang und gäbe ist. Dazu müssen sie immer wieder in aller Offenheit und unter kollegialer Beteiligung aller Verantwortungsbereiche fünf Schritte durchlaufen (siehe Abbildung 4):

- Analyse des Standes und der Entwicklung der wettbewerbskritischen Erfolgsfaktoren sowie Propagierung der daraus resultierenden Erkenntnisse im gesamten Unternehmen, um den marktorientierten Bewußtseinsbildungsprozeß voranzutreiben;

- Analyse der marktorientierten Leistungsprozesse des Unternehmens und Bewußtmachung der Beiträge und Rolle der einzelnen Funktionsbereiche und Mitarbeiter, um diese Leistungsprozesse schlagkräftig zu halten;

- Analyse der Verdeutlichung der Produktivitätsstandards, die in der Industrie erreicht wurden und an denen sich das Unternehmen und jeder seiner Funktionsbereiche messen lassen muß;

- Definition und Organisation von Lernprozessen quer durch die Funktionsbereiche des Unternehmens, bezogen auf die wettbewerbskritischen Erfolgsfaktoren und die funktionsübergreifenden Leistungsprozesse;

- Schaffen einer Leistungsmotivation für den effizienten Beitrag zu den aggregierten, differenzierungsfähigen Leistungsprozessen sowie Orientierung des Controlling auf ein Prozeßcontrolling hin.

Wenn die Unternehmen auf diese Weise ihre Flexiblität im Sinne einer hohen organisatorischen Lernleistung gesteigert haben – und nur dann – können sie der zweiten Herausforderung gerecht werden.

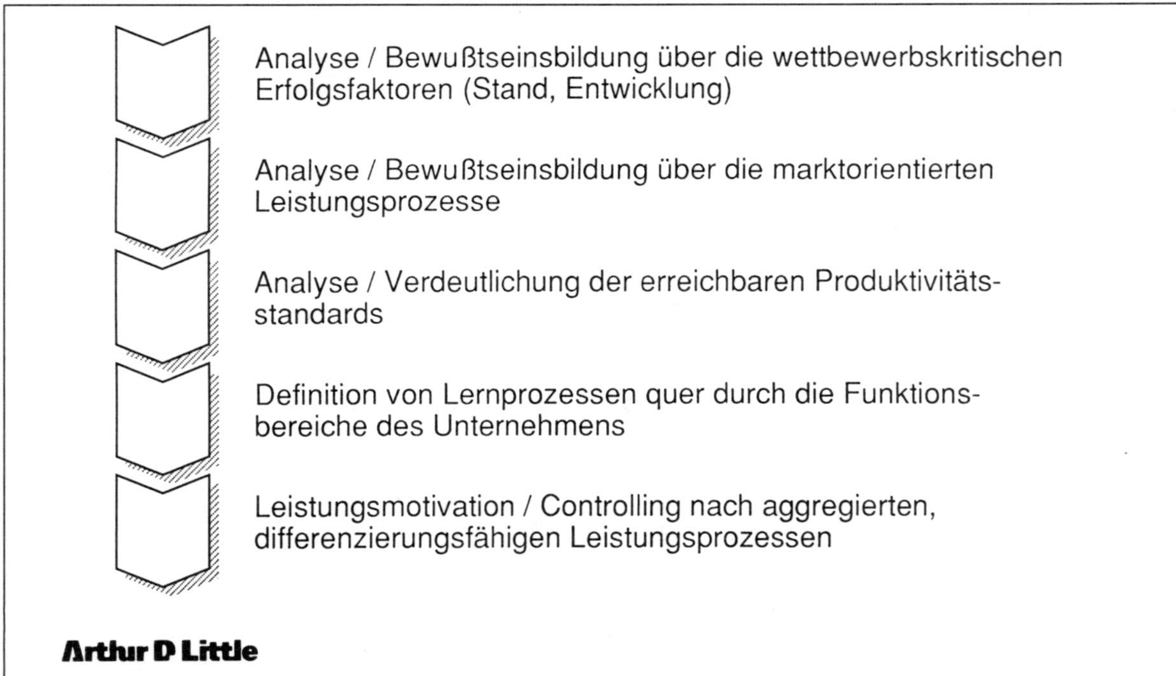

Abbildung 4: Prozeß des organisatorischen Lernens

Herausforderung Schnelligkeit

Manche deutsche Unternehmen, die die Bedeutung von Schnelligkeit im internationalen Wettbewerb erkannt haben, versuchen schneller zu werden, ohne die Lernprozesse und das Verhalten der einzelnen Funktionsbereiche und Mitarbeiter neu zu durchdenken. Sie streben eine Verkürzung der Durchlaufzeiten durch die Forschung und Entwicklung, durch die Produktion und durch andere Abwicklungsprozesse an, ohne dem Leistungsschwund Einhalt gebieten zu können.

Schnelligkeit ist aber nur von strategischer Bedeutung, wenn damit Führerschaft erzielt wird. Denn bei verkürzten Produktlebenszyklen wird der Follower zum Verlierer, da ihm immer weniger Markt- und Umsatzvolumen zur Verfügung steht, um die Entwicklungsaufwendungen neuer Produktgenerationen zu amortisieren und um eine glaubwürdige Position im Markt aufzubauen (siehe Abbildung 5).

Während früher das bestehende Produktprogramm ausreichte, um über den Planungshorizont hinweg dem Wachstumsziel des Unternehmens weitgehend gerecht zu werden, müssen die Unternehmen heute Produktneueinführungen von vornherein einplanen, um ihr Wachstum plangerecht zu sichern (siehe Abbildung 6). Denn das bestehende Produktprogramm wird durch den Innovationswettbewerb bedroht oder gar verdrängt und kann ohne innovative Entwicklungen nicht das erforderliche Umsatzwachstum bringen. Die große Gefahr besteht aber darin, daß Schnelligkeit der Produktentwicklung noch nicht Marktgerechtheit der entwickelten Produkte bedeutet.

So entwickeln viele deutsche Unternehmen heute in immer größerer Eile immer fragwürdigere Produkte, denen der Durchbruch in den internationalen Märkten versagt bleibt. Die Konsequenz ist abnehmende Rentabilität der Entwicklungsleistung und abflachendes Wachstum mit der Aussage: Der Markt ist gesättigt. Strategisch relevante Schnelligkeit heißt aber, die richtigen Produkte zur richtigen Zeit bereitzustellen.

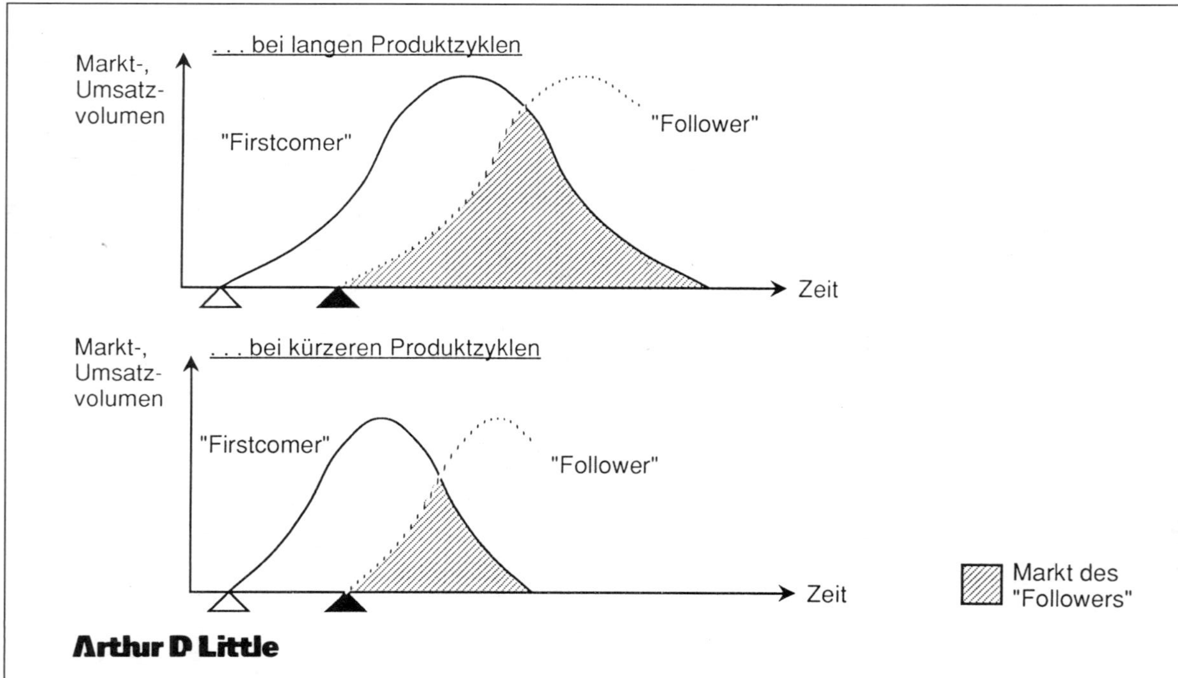

Abbildung 5: Der „Follower" wird bei kürzeren Produktzyklen zum Verlierer

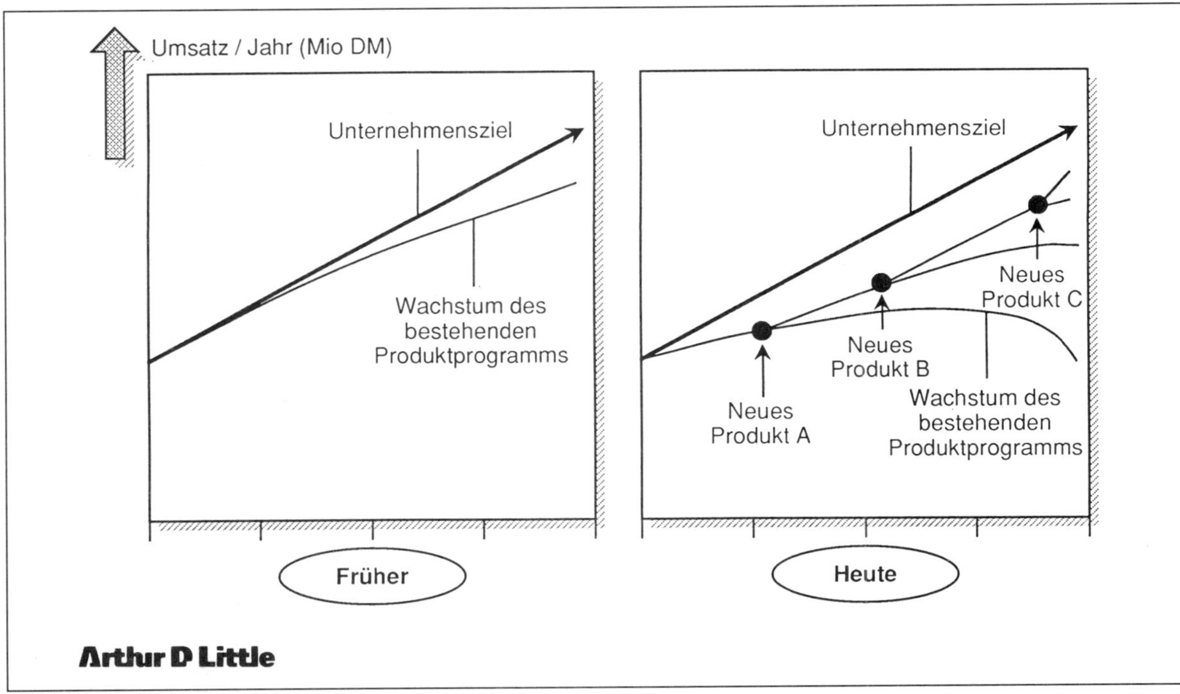

Abbildung 6: Heute müssen die Einführungs-Zeitpunkte neuer Produkte vorausbestimmt werden

Dazu müssen die Unternehmen ihre funktionsübergreifenden Leistungsprozesse erkennen und neu gestalten. Das organisatorische Lernen muß so gesteuert werden, daß es auf die aggregierten, differenzierungsfähigen Leistungsprozesse ausgerichtet ist, die die Innovationsfähigkeit des Unternehmens bedingen: den Kundennutzenoptimierungsprozeß und den Marktkommunikationsprozeß (siehe Abbildungen 7 und 8).

Diese Prozesse fangen mit der Bestimmung des Kundennutzens an und zielen darauf ab, Defizite zu erkennen und zur Basis von Entwicklungsanstrengungen zu machen bzw. Differenzierungsmöglichkeiten zu erkennen und zum Ansatzpunkt einer Produkt- und Marketingstrategie zu machen.

Je effizienter die Einbeziehung der mitwirkenden Funktionsbereiche verläuft, je konstruktiver und kreativer sie ihren Beitrag liefern, um so sicherer kann das Unternehmen seine neuen Produkte als Innovationsführer in den Markt einführen.

Daß damit auch eine höhere Kosteneffizienz erreicht wird, haben uns die Japaner vorgemacht. Daraus entsteht die dritte Herausfordenung an die deutschen Unternehmen, die weit über Kostensenkungsmaßnahmen und Gemeinkostenwertanalyse hinausgeht.

Herausforderung Kosteneffizienz

Rationalisierungsmaßnahmen, wie sie in den letzten Jahren möglich waren und meistens auch konsequent durchgeführt wurden, bewirken, daß bestehende Aktivitäten reduziert, eliminiert oder durch technische Systeme automatisiert werden. Das Grundgerüst wird dadurch eher festgeschrieben: Abteilungen werden als Lieferanten von Leistungen behandelt, deren Rechtfertigung wertanalytisch durchforstet wird, und zwar aus der Sicht der jeweiligen Leistungsempfänger. Die Sicht der Kunden und die Markt- und Innovationsorientierung kommen dabei zu

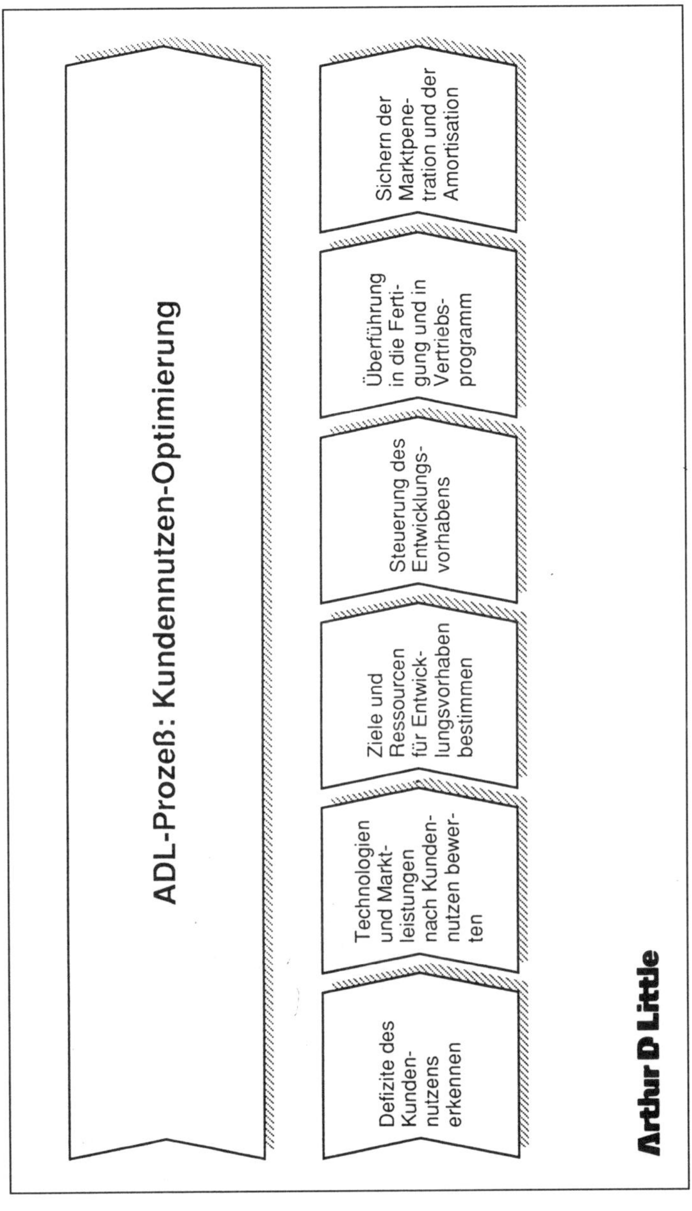

Abbildung 7: Gegenstand des organisatorischen Lernens – ADL-Prozeß Kundennutzenoptimierung

Abbildung 8: Gegenstand des organisatorischen Lernens – ADL-Prozeß Marktkommunikation

kurz, und häufig tritt nach den durchgeführten Rationalisierungsmaßnahmen bald wieder zu rapide fortschreitendem Leistungsschwund auf.

Die Herausforderung, der die Unternehmen heute immer dringender gerecht werden müssen, besteht darin, daß sie ihre marktorientierten Leistungsprozesse so gestalten, daß sie die strategischen Erfolgsfaktoren so gut wie möglich erfüllen. Hierbei ist nicht die Meinung leistungsempfangender Abteilungen gefragt, die wertanalytische Innensicht muß durch die Kundenanforderungen ersetzt werden, bei denen Schwerpunkte gesetzt werden sollen.

Durch organisatorisches Lernen müssen die Zusammenhänge zwischen den strategischen Erfolgsfaktoren im Markt und den aggregierten, differenzierungsfähigen Leistungsprozessen (ADL-Prozessen) quer durch die Abteilungen erkannt und genutzt werden (siehe Abbildung 9). Hierbei zeigt sich, daß jeder einzelne ADL-Prozeß in der Regel mehrere strategische Erfolgsfaktoren betrifft, und daß umgekehrt jeder Erfolgsfaktor von mehreren ADL-Prozessen beeinflußt wird.

Beispielsweise hat der Kundennutzen-Optimierungsprozeß eine starke Auswirkung auf das Preis-/Leistungsverhältnis der entwickelten Produkte, desgleichen auf das gesamte Produktspektrum und auf die Innovationsleistung des Unternehmens. Aber auch der Marktkommunikationsprozeß hat starke Auswirkungen auf das Produktspektrum und auf die Innovationsleistung. Das Preis-/Leistungsverhältnis der Produkte wird darüber hinaus aber auch vom Produkt/Leistungsbereitstellungsprozeß bestimmt, die Innovationsleistung vom Strategieplanungs- und Umsetzungsprozeß.

Kosteneffizienz im heute geforderten Sinn entsteht nun dadurch, daß das Unternehmen sein Stärken-/Schwächenprofil bei den strategischen Erfolgsfaktoren erkennt und über die Korrelationsanalyse die Ansatzpunkte bestimmt, bei denen Schwächen der ADL-Prozesse bestehen, die gezielt angegangen werden können (siehe Abbildung 10).

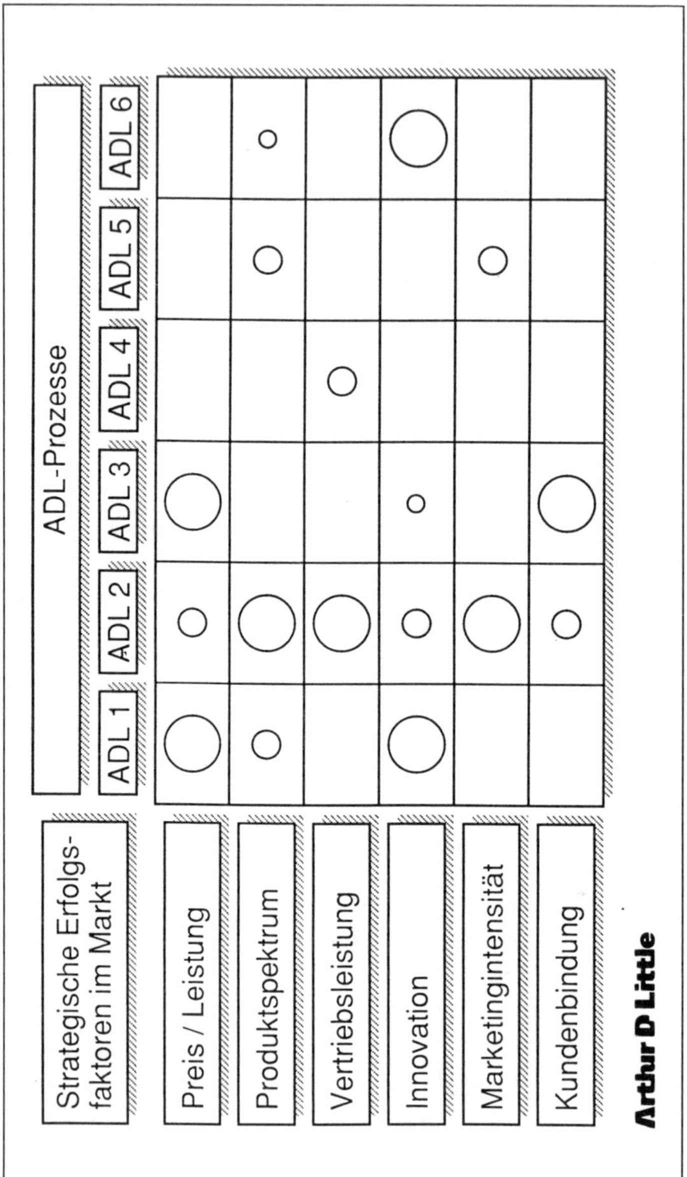

Abbildung 9: Lernen heißt „Zusammenhänge kennen und nutzen" – Strategische Erfolgsfaktoren

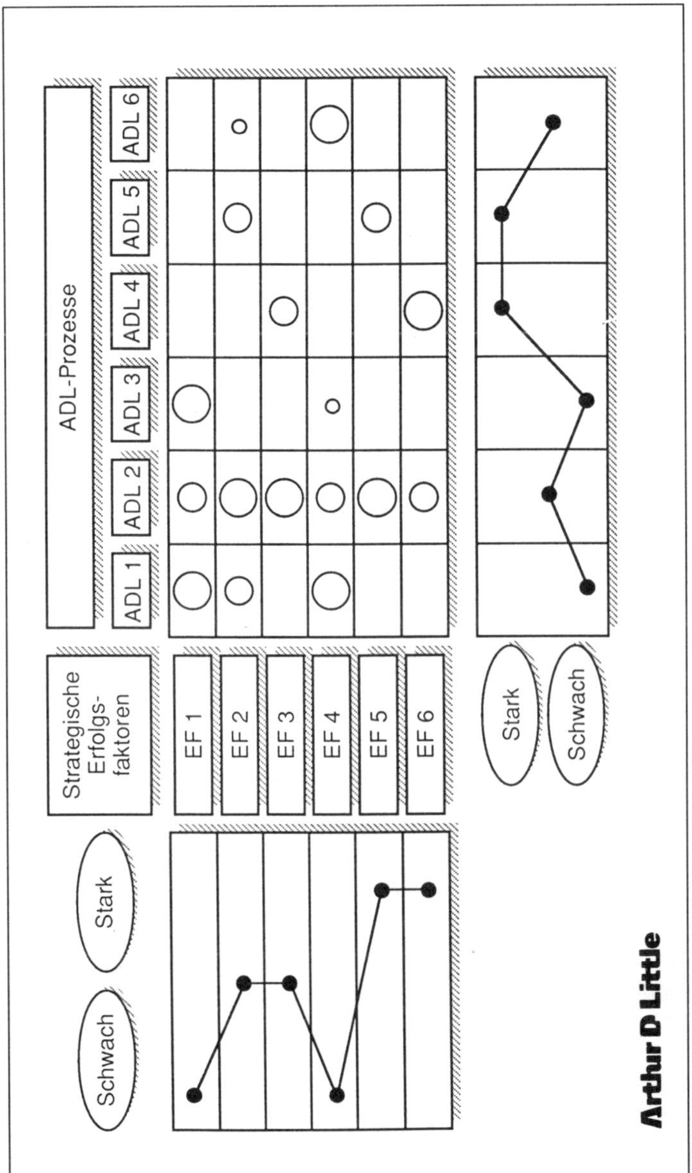

Abbildung 10: Lernen heißt „Zusammenhänge kennen und nutzen" – Erfolgsfaktoren-Ausprägung

Wenn die strategischen Erfolgsfaktoren bekannt sind, wenn die Korrelation zu den ADL-Prozessen ermittelt wurde, dann ist es in der Regel eine leichte Übung, die ADL-Prozesse mit der größten Hebelwirkung auf die Erfüllung der strategischen Erfolgsfaktoren zu erkennen und hier Maßnahmen zur Überwindung von Schwachpunkten zu definieren.

Unsere Erfahrung hat gezeigt, daß es unabhängig von der Branche neun entscheidende ADL-Prozesse in den Unternehmen gibt, die starke Korrelationen mit den strategischen Erfolgsfaktoren aufweisen (siehe Abbildung 11) und bei denen eine konsequente Ausrichtung auf Kundenzufriedenheit zu einer neuen Dimension von Kosteneffizienz führt. Denn Kosteneffizienz, wie sie im heutigen Wettbewerb immer stärker gefordert ist, resultiert eben nicht mehr ausschließlich aus Rationalisierungsmaßnahmen, sondern aus der Konzentration der Mittel auf die strategisch entscheidenden Leistungen.

Die Ausrichtung der Leistung auf die Kundenanforderungen und auf Kundenzufriedenheit ist aber nicht nur eine Frage der Kosteneffizienz, sondern hat auch mit der vierten Herausforderung an die Unternehmen zu tun: der nach einer neuen Dimension von Qualität.

Herausforderung Qualität der Kundenorientierung

Zwischen Qualität, Kosten und Zeit bestand in der Vergangenheit eine direkte Abhängigkeit: höhere Qualität bedingte höheren Kosten- und Zeitaufwand. Das galt insbesondere auch für die Intensität der Kundenbetreuung. Höhere Intensität der Kundenbetreuung führte zwar zu steigendem Umsatz, aber eben auch zu stärker als proportional ansteigenden Kosten der Kundenbetreuung (siehe Abbildung 12). Demzufolge gab es einen Optimierungsbereich der Kundenbetreuung, in dem das Unter-

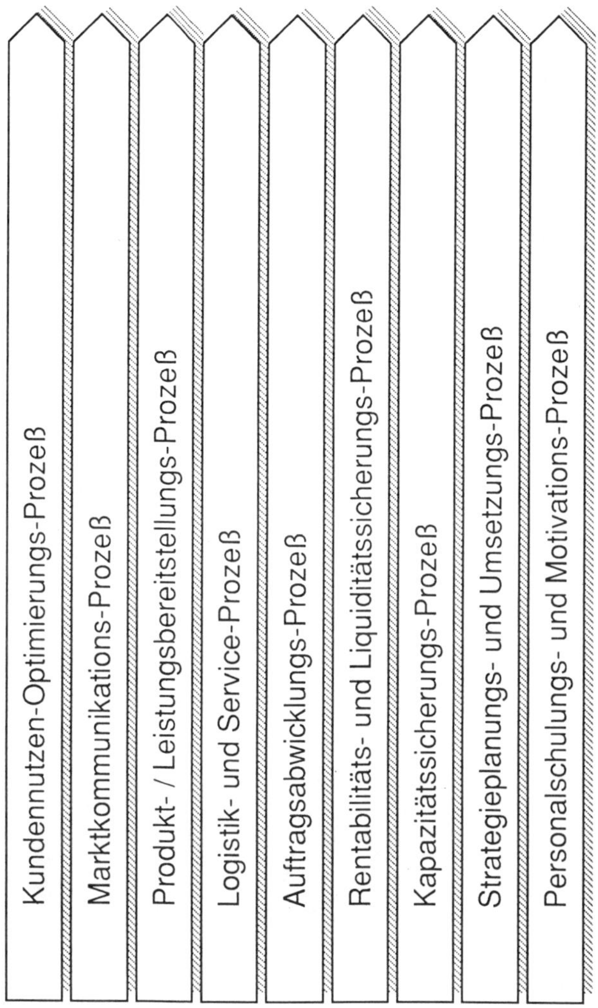

Arthur D Little

Abbildung 11: Die entscheidenden Leistungsprozesse im Unternehmen

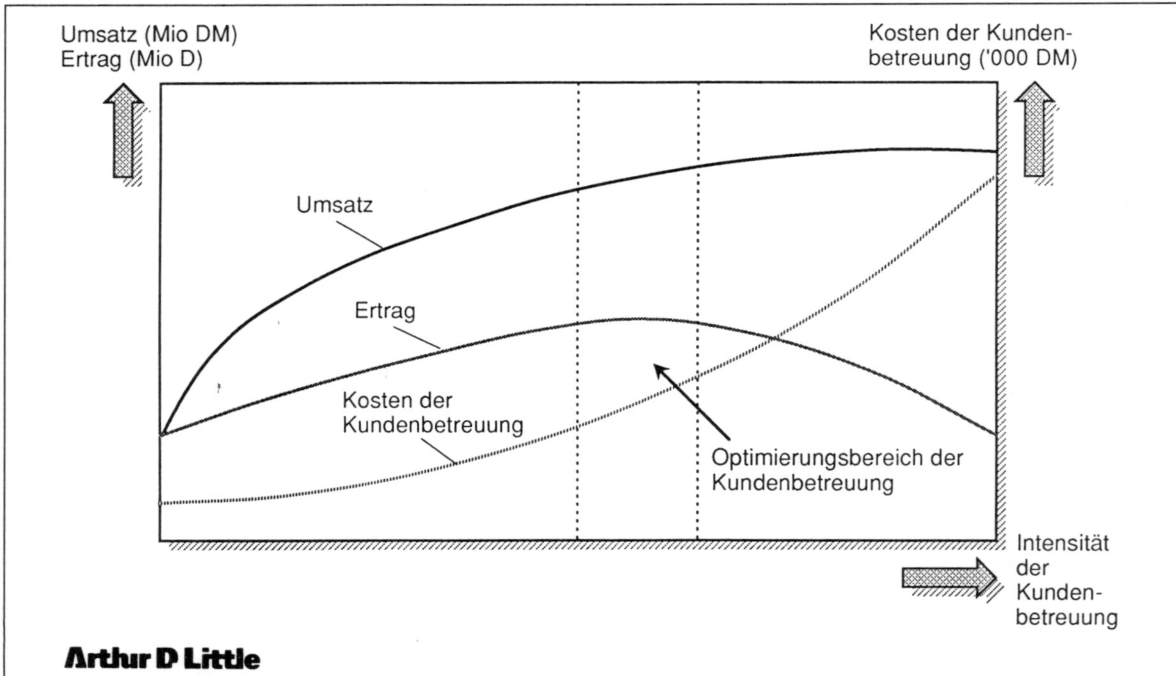

Abbildung 12: Das Optimum von Leistungen zur Erhöhung der Kundenzufriedenheit läßt sich bestimmen

nehmen seinen höchsten Ertrag erwirtschaften konnte. Diese Konstellation können Unternehmen heute durchbrechen, indem sie einen neuen Zusammenhang zwischen Qualität, Kosten und Zeit erkennen: die Qualität der aggregierten, differenzierungsfähigen Leistungsprozesse bedingt, ob eine bestimmte Intensität der Kundenbetreuung mit hohem oder weniger hohem Kosten- und Zeitaufwand erreicht wird.

Denn ebenso wie wir zwischen Basis-, Schlüssel- und Schrittmachertechnologien unterscheiden können, bestehen zwischen Leistungen des Unternehmens signifikante strategische Unterschiede.

Basisleistungen sind solche, die die Kunden als selbstverständlich ansehen und mit denen sich ein Unternehmen durch Mehraufwand kaum in strategisch relevanter Weise von seinen Wettbewerbern differenzieren kann. Nur wenn eine bestimmte Leistungsschwelle unterschritten wird, reagieren die Kunden meistens mit Abbruch der Kundenbeziehung. Hierzu gehören in vielen Branchen die Einhaltung von Lieferterminen und die physische Qualität der Produkte, die Bereitstellung eines kompetenten Kundendienstes und die Zurverfügungstellung einer Produktdokumentation.

Schlüsselleistungen weisen ein hohes Differenzierungspotential auf, so daß es sich für ein Unternehmen lohnt, bei diesen Leistungen einen höheren Aufwand zu treiben: er zahlt sich in der Regel durch eine entsprechende Anerkennung im Markt aus. Hierzu gehört in einer immer größeren Zahl von Branchen die Bereitstellung von Anwendungssoftware, System-Know-how und Beratungsleistung.

Schrittmacherleistungen schließlich sind innovative Leistungen mit einem hohen Überraschungs- und Alleinstellungseffekt, deren Marktwirkung aber erst noch erprobt werden muß. Das Unternehmen, das eine solche Schrittmacherleistung in den Markt trägt und damit auf eine starke Kundenresonanz stößt, wird selbst bei geringem Aufwand für diese Schrittmacherleistung einen starken Umsatzeffekt erzielen. Beispiele hierfür waren in der Anfangsphase das Angebot umweltfreundlicher Produkte und Verpackungen, neue Garantieleistungen und computergestützte Logistikverbundsysteme zwischen Lieferanten und Kunden.

Erstaunlicherweise machen die meisten Unternehmen diese Unterscheidung zwischen Basis-, Schlüssel- und Schrittmacherleistungen nicht und betreiben daher einen zu hohen, aber strategisch immer wirkungsloseren Aufwand für Basisleistungen, während sie bei Schlüsselleistungen kurz treten und nicht oder selten mit Schrittmacherleistungen experimentieren.

In vielen Beratungsprojekten konnten wir zeigen, daß die Intensität der Kundenbetreuung aufrechterhalten oder gesteigert werden kann, wenn durch Veränderung des Leistungs-Mix die Kosten der Kundenbetreuung gesenkt werden. Auf der anderen Seite kann auf diese Weise bei gleichbleibenden Kosten die Intensität und Qualität der Kundenbetreuung gesteigert werden (siehe Abbildung 13).

Unternehmen, die dieses Qualitätsverständnis entfalten, können ohne gesteigerten Gesamtaufwand an Marktanteil gewinnen – sehr zum Erstaunen ihrer Konkurrenten.

Hochleistungsorganisationen sind in der Lage, Flexibilität, Schnelligkeit, Kosteneffizienz und hohe Qualität der Kundenorientierung miteinander zu vereinbaren und diese Stärken auf Dauer zu wahren. Wie wir gesehen haben, geht diese Fähigkeit auf ihre Lernprozesse zurück, die immer wieder zu einer geschlossenen und zügigen Anpassung an veränderte Umfeldbedingungen führen.

Bleibt die Frage, welche Voraussetzungen die Unternehmen erfüllen, die eine solche beständige, hohe Lernfähigkeit an den Tag legen. Wir haben festgestellt, daß es in erster Linie vier Merkmale sind (siehe Abbildung 14):

- Vermeidung von Arbeitsteilung und funktionaler Abschottung,

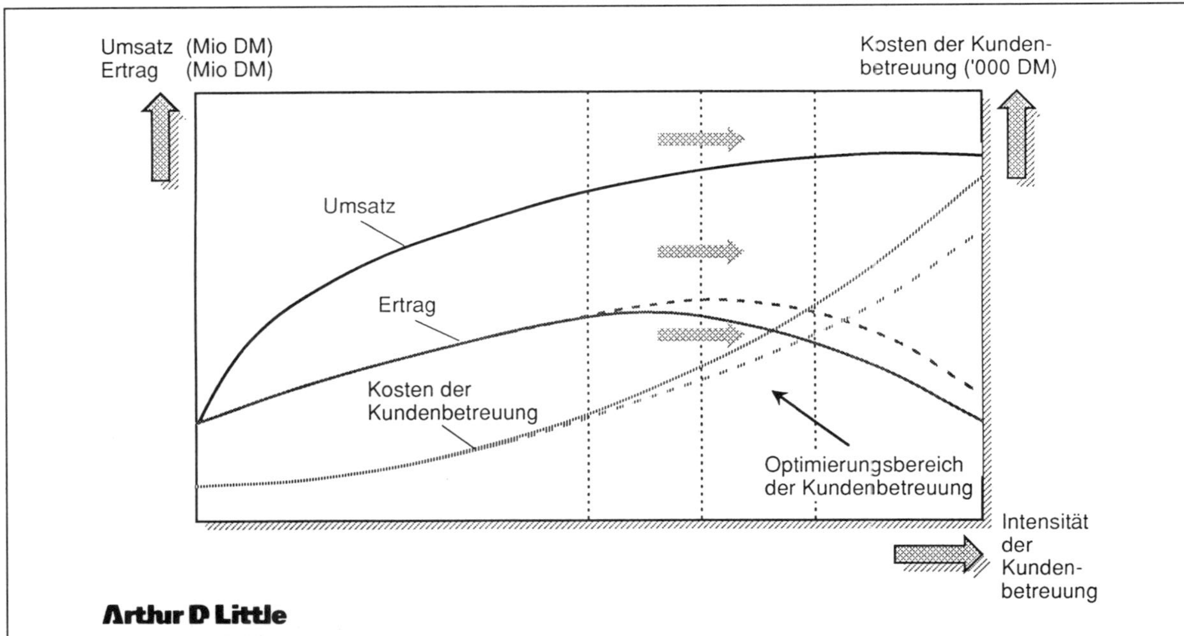

Abbildung 13: Der Optimierungsbereich läßt sich durch höhere Lebensqualität in Richtung höherer Kundenzufriedenheit verschieben.

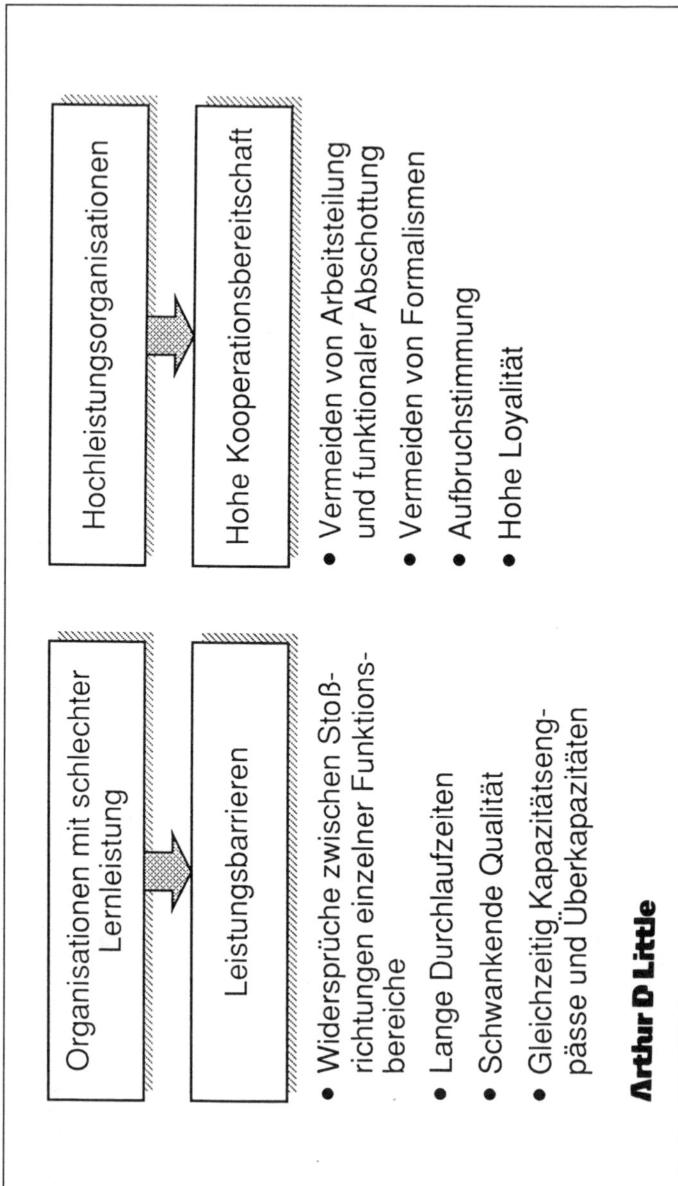

Abbildung 14: Hochleistungsorganisationen haben produktive Strukturen

- Vermeiden von Formalismen,
- Schaffen und Aufrechterhaltung einer Aufbruchstimmung und
- Forderung hoher Loyalität der Mitarbeiter.

Diese Merkmale führen zu hoher Kooperationsbereitschaft.

Wenn wir beobachten, daß zahlreiche deutsche Unternehmen in den letzten Jahren eher den entgegengesetzten Weg gegangen sind, nämlich den verstärkter funktionaler Abschottung, zunehmender Formalismen, um sich greifender Ausbreitung von Routine und schwindender Bemühungen um Loyalität, dann wird die Notwendigkeit einer Neuorientierung deutlich, mit der deutsche Unternehmen auf die Herausforderungen des internationalen Wettbewerbs reagieren müssen.

Marketing-Management im Umbruch

Heribert Meffert

Es kann kein Zweifel darin bestehen, daß das Marketing in den letzten 30 Jahren einen imposanten Aufstieg in Wissenschaft und Praxis genommen hat. Der Grundgedanke einer konsequenten, in der ganzen Unternehmung auf den Markt ausgerichteten Unternehmensführung hat sich dabei vor dem Hintergrund des Wandels vom Verkäufer- zum Käufermarkt in verschiedenen Etappen vollzogen und zu einem branchenspezifisch unterschiedlich hohen Stellenwert des Marketing geführt. Stark vereinfacht lassen sich die folgenden Entwicklungsstufen des Marketing unterscheiden:

- In den 50er Jahren herrschte allenthalben mit dem Streben nach Massenproduktion in den Unternehmen eine starke Produktions- und Distributionsorientierung vor. Erste Versuche bei der Profilierung von Markenartikeln und Marktsegmentierungsmethoden gelten als „Start des Marketing". Marketing wurde vor allem als Distributionsfunktion gesehen.

- In den 60er Jahren wird das Marketing vor dem Hintergrund der zunehmenden Käufermarktsituation verstärkt als dominante Engpaßfunktion verstanden. Insbesondere durch die Arbeiten von Philipp Kotler und der von ihm geforderten konsequenten Orientierung an den Verbraucherbedürfnissen ist dies die eigentliche Geburtsstunde des Marketing.

- Die 70er Jahre lenken schließlich bei wachsender Nachfragemacht des Handels (Nadelöhr/Gatekeeper) das Interesse

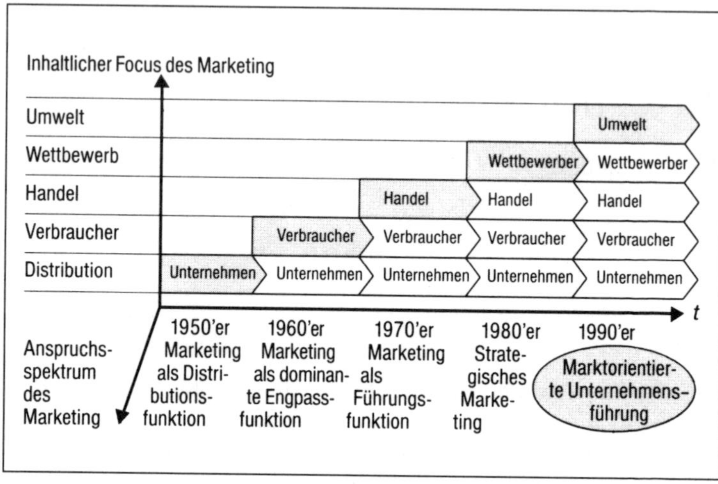

Die Entwicklungsstufen des Marketing

verstärkt auf Aspekte des vertikalen Marketing. Gleichzeitig beginnt sich Marketing als Führungsfunktion zu etablieren.

- Spätestens mit dem ersten Ölschock und der darauffolgenden Rezession führten jedoch zu Beginn der 80er Jahre Aspekte wie Rohstoffverknappung, gesättigte Märkte und beobachtbare Phänomene des Verdrängungswettbewerbs zur stärkeren kompetitiven Ausrichtung des Strategischen Marketing.

- Anfang der 90er Jahre beginnt sich das Anspruchsspektrum des Marketing abermals um eine zunehmende Umweltorientierung zu erweitern. An die Stelle des Marketing als Führungsfunktion rückt eine ganzheitliche Interpretation des Marketing als marktorientiertes Führungskonzept. Dabei wird Marketing als ein duales Führungskonzept aufgefaßt, das erstens als Leitkonzept des Managements im Sinne eines gelebten Unternehmenswertes („Shared values") und zweitens als gleichberechtigte Unternehmensfunktion interpretiert wird.

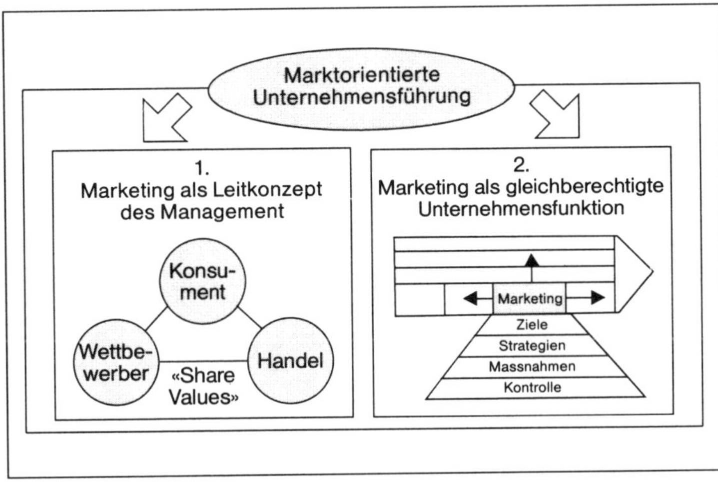

Marktorientierte Unternehmensführung

Der hohe Stellenwert und die skizzierte Anpassungsfähigkeit des Marketing in Unternehmenspraxis und Theorie können jedoch nicht darüber hinwegtäuschen, daß sich die Marketingdisziplin zu Beginn der 90er Jahre auch zunehmender Kritik ausgesetzt sieht. Zwar hat sich Marketing von seinem Selbstverständnis immer dem gesellschaftlichen Vorwurf ausgesetzt gesehen, „Sinnbild der Überflußgesellschaft" zu sein, doch mehren sich neuerdings die Anzeichen, daß die Marketingdisziplin in eine Identitätskrise läuft. Einerseits dokumentieren zahlreiche vom Marketing selbst in den 80er Jahren hervorgebrachte „Marketing-Varianten" wie Mega-Marketing, Maxi-, Warfare- und Gesellschaftsorientiertes Marketing die hohe Dynamik des Marketingkonzeptes. Anderseits führen die immer schnelleren Theoriewellen zu einer Verwässerung der Marketingphilosophie.

Dies gibt wiederum den Kritikern vermehrt Anlaß, an den Grundprinzipien des Marketing zu rütteln. So sieht der Ex-Henkel-Manager von Briskorn das Marketing-Mix bereits als „Relikt aus alter Zeit" und der Zukunftsforscher Gerd Gerken

Kritik am Marketing-Konzept

fordert in seinem aktuellen Buch sogar die Leser auf, ganz „Abschied vom Marketing" zu nehmen. Gerken und andere machen die Identitätskrise des Marketing im wesentlichen an vier Kritikpunkten fest:

- Erstens wird behauptet, daß die Bedarfsorientierung als Grundprinzip des Marketing zunehmend überholt sei, da sich der Bedarf erst mit einer Zeitverzögerung am Markt artikuliere, erfolgreiche Anbieter aber durch Push-Strategien in der Lage seien, „vor dem Bedarf" präsent zu sein.

- Zweitens wird unter dem Stichwort „Marketing-Technokratie" einem intensiven Einsatz strategischer und statistischer Analyseverfahren dem Marketing eine Verdrängung des visionären Unternehmerspürsinnes vorgeworfen.

- Drittens behaupten die Marketing-Kritiker, konnte das Marketing bislang nicht dazu beitragen, die Schnittstellen- und Interface-Problematik nach innen und außen zu lösen. So habe sich Marketing weder in der Praxis aus einer Position als unternehmerische Teilfunktion weiterentwickeln können, noch gelinge in den meisten Fällen die marktbezogene Vernetzung der Unternehmensfunktionen (Marketing und F&E).

- Schließlich habe die Orientierung an den Kundenbedürfnissen nicht verhindern können, daß diverse gesellschaftliche Anspruchsgruppen den Gesetzgeber mit der Reglementierung der Unternehmensaktivitäten beauftragten (FCKW-Verbot etc.).

Im Lichte dieser kritischen Bestandsaufnahme, die – im Gegensatz zu früher – nicht mehr die Kritik an einzelnen Instrumenten, sondern an den fundamentalen Prinzipien des Marketing reflektiert, ist die Frage nach den Zukunftsperspektiven des Marketing in den 90er Jahren neu zu stellen. Ist das Marketing in der Reife oder am Ende seines Lebenszyklus angelangt? Müssen wir tatsächlich Abschied vom Marketing nehmen oder brauchen wir angesichts der sich dramatisch verändernden Aufgabenumwelt eine neue Identität dieser Führungskonzeption?

Im folgenden möchte ich die These begründen, daß wir in Zukunft – mehr noch als in den 80er Jahren – Marketing als Leitkonzept des Management, als gelebten Unternehmenswert benötigen. Die Instrumente, Methoden und Einsatzbereiche werden jedoch neue, den veränderten Kontextfaktoren der 90er Jahre angepaßte Schwerpunkte aufweisen müssen. Dazu ist es aber zunächst notwendig, die Herausforderungen und Spannungsfelder aufzuzeigen, innerhalb deren Marketingentscheidungen in den 90er Jahren zu treffen sind.

Welche Megatrends das Marketing beeinflussen

Die zukünftigen Rahmenbedingungen des Marketing sind gleichermaßen durch politisch-gesellschaftliche, ökologische, technologische und wirtschaftliche Herausforderungen gekennzeichnet. Bei den gesellschaftlichen Megatrends scheinen mir die folgenden Aspekte im besonderen Maße Anpassungsbedarf für das Marketing der 90er Jahre zu erfordern:

So vollzieht sich in den westlichen Industrienationen derzeit eine dramatische Veränderung der Bevölkerungsstruktur. Bei rückläufigen Geburtenraten findet eine zunehmende Überalterung der einheimischen Bevölkerung statt. In der Bundesrepublik Deutschland wird im Jahre 2000 voraussichtlich 1/5 der Bevölkerung älter als 60 Jahre sein.

Weiterhin werden wirtschaftliche Rationalisierungseffekte in Verbindung mit gewerkschaftlichen Forderungen die private Freizeit weiter wachsen lassen. Nach der Jahrtausendwende wird die Freizeit – so der Freizeitforscher Opaschowski – die Arbeitszeit weit überholt haben: 200 jährlichen freien Tagen stehen dann nur noch 165 Arbeitstage gegenüber.

Die Überalterung der Bevölkerung und die Umverteilung im privaten Zeitbudget führen in ihrer Folge zur Herausbildung neuer Lebens- und Arbeitsformen. Der wachsende Single-Anteil und kinderlose Lebens-Gemeinschaften kristallisieren sich in neuen „Szenen“ wie Körper-, Club-, und Wochenendkulturen heraus. Umgekehrt verschwimmen die bislang getrennten Lebenssphären Beruf und Freizeit immer mehr zu einer „Freizeit-Arbeitsgesellschaft“.

Eng verbunden mit diesen Strömungen ist ein tiefgreifender Wertewandel in der Bevölkerung. Dieser verläuft aber keineswegs eindeutig, sondern zeigt sich vielschichtig und widersprüchlich. Wertemuster wie Obrigkeitsglauben, Materialismus, Rationalität und der Glaube an ökonomische Nutzenkriterien werden an Bedeutung verlieren, während Sinnlichkeit, Körperbewußtsein, Ich-Orientierung und Ökologiebewußtsein in den 90er Jahren in der Wertehierarchie der Konsumenten aufsteigen (H. A. Wüthrich 1991).

War die Ausprägung gesellschaftlicher Werte bisher vor allem Männerdomäne, können wir als weitere zentrale gesellschaftliche Strömung festhalten, daß Frauen in Wirtschaft, Politik und Gesellschaft in den 90er Jahren immer mehr an Bedeutung gewinnen. In den USA wird der Anteil weiblicher Führungskräfte im Top-Management im Jahr 2000 auf etwa 40 % geschätzt.

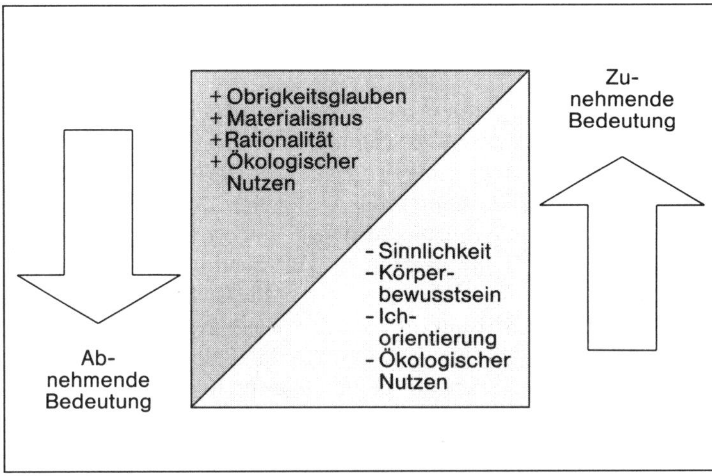

Der Wertewandel in den 90er Jahren

Als sechsten gesellschaftlichen Megatrend möchte ich in Anlehnung an John Naisbitt die Entwicklung zur sogenannten Multi-Options-Gesellschaft festhalten. Sei es Freizeitaktivität, Lebens- und Arbeitsform, Konsumwunsch oder die Bekennung zu einer Religion: Die Bürger sind in ihrer Selbstentfaltung nicht mehr vor begrenzte „Entweder-Oder-Entscheidungen“ gestellt, sondern können und werden in allen Lebensbereichen zwischen einer unüberschaubaren Vielzahl von Alternativen auswählen.

In Zusammenhang mit den gesellschaftlich-politischen Herausforderungen für das Marketing steht die Entwicklung der wirtschaftlichen Rahmenbedingungen. Hier ist im Hinblick auf den gemeinsamen Binnenmarkt die euphorische Aufbruchstimmung in den Unternehmen mittlerweile der Tagesarbeit gewichen. So haben sich nach einer ifo-Umfrage mehr als 80 % der größten bundesdeutschen Anbieter in ihren strategischen Programmen auf den liberalisierten Markt eingespielt. Als wichtigste Rahmenbedingung für das Marketing der 90er Jahre ist klar abzusehen, daß sich die zusammenwachsende europäische Wirtschaftsgemeinschaft fest als dritter Wirtschaftsblock neben Japan und den USA etabliert und damit an 80 % des Welthandelsvolumens der Triade-Nationen partizipiert.

Inwieweit es gelingt, die osteuropäischen Staaten in die europäische oder Weltwirtschaft zu reintegrieren, stellt derzeit die herausragendste ökonomische Frage dar. Schenkt man Professor Walter – dem Chefökonomen der Deutschen Bank – Glauben, so lautet die wahrscheinliche Antwort, daß wir es mit einem schwierigen und komplizierten Prozeß zu tun haben, der sich eher in Dekaden als in Jahren entwickelt. Realistisch erscheint dazu, daß die Integration in einzelnen Ländern als Folge innenpolitischer Machtkämpfe sehr unterschiedlich verlaufen wird. Einen Sonderfall stellen die neuen Länder der wiedervereinigten Bundesrepublik dar. Allerdings ist auch hier die anfängliche Begeisterung über die wirtschaftliche Entwicklungsgeschwindigkeit inzwischen der Ernüchterung gewichen (Infrastrukturbedarf, Umweltfolgerisiken etc.).

Für die Bundesrepublik Deutschland hatte zum Wechsel des Jahrzehnts die erste Befriedigung der zurückgestauten Konsumgüternachfrage in den neuen Bundesländern neben den europaweiten Impulsen bei der Investionsgüternachfrage infolge der Binnenmarktharmonisierung die Wirkung eines Konjunkturprogrammes. Beide Effekte werden jedoch an Kraft deutlich abnehmen – und es gibt bereits Anzeichen dafür. Bei weltwirtschaftlich rezessiven Tendenzen und weiterhin restriktiver Geldpolitik werden die westeuropäischen Staaten ein moderates Realwachstum von 2,5 % mittelfristig wohl kaum überschreiten.

Langfristig hängt das Wachstum der Industrienationen vor allem von der Anpassungsfähigkeit der „reifen Industrien“ und der marktlichen Erschließung neuer Technologien ab. Während hier die krisengeschüttelte Stahlindustrie durch radikale Restrukturierungen in zukunftsträchtige High-Tech-Felder erfolgreich diversifizieren konnte, geht die europäische Automobilindustrie derzeit durch die Kapazitätserweiterungen vornehmlich in osteuropäischen Ländern einen sehr riskanten Weg. Als Wachstumsfeld Nr. 1 muß daher im Industriestandort Bundesrepublik vor allem die marktliche Nutzung neuer Technologien stehen. Eine Schlüsselrolle wird dabei die anwendungsorientierte Nutzung neuer Informations- und Umweltschutztechnologien (Mobilfunk, Rauchgasentschwefelung etc.) einnehmen.

Eng verbunden damit ist die Zunahme der Produktiv-Dienstleistungen, die als value adding zu industrieller Hardware die eigentliche „große Wachstumshoffnung Europas“ darstellt. Der „Marsch in die Dienstleistungsgesellschaft“ in Form veränderter Beschäftigungspotentiale wird hingegen vor allem bei den arbeitsintensiveren, konsumptiven Dienstleistungen sichtbar. Hier zeigen sich Zuwächse vor allem bei den financial services und den Freizeit- und Kulturdienstleistungen. Weitere Wachstumsmärkte zeichnen sich als Folge der Deregulierungs- und Reprivatisierungstendenzen öffentlicher Märkte ab, nicht zuletzt durch völlig überforderte Träger in den neuen Bundesländern (Telekom, Straßenbau etc.).

Technologische Entwicklungen werden in den 90er Jahren mehr noch als heute die Triebfeder für Veränderungen und Wirtschaftswachstum sein. So kommt in den USA eine aktuelle Studie der Manpower-Service-Commission zu dem Ergebnis, daß in den USA und Japan nicht weniger als 60 % des Produktionswachstums durch den Einsatz neuer Technologien zu erklären sind (vgl. dazu H. A. Wüthrich 1991). Der technologische Wandel bringt zunächst eine anwendungsorientierte Weiterentwicklung der Basistechnologien, insbesondere der Nachrichten- und Informationstechnik. Neue Schlüsseltechnologien wie die Bio-, Gen- und die Lasertechnologie werden dabei in dynamischen Innovationsschüben zur Anwendungsreife gelangen.

Revolutionäre Entwicklungen vollziehen sich auch bei den Prozeßtechnologien. Hier führt das Zusammenwachsen von Informations- und Fertigungstechnologien (CIM) zu neuen vernetzten Fertigungskonzepten und in dessen Folge auch zu neuen Fertigungsphilosophien. Während die flexible robotergestützte Automatisierungstechnik kleine Losgrößen kostengünstig zu produzieren vermag, vollzieht sich ein langsamer Ablösungsprozeß der Massenproduktion zur auftragsorientierten Einzelfertigung in konsumnahen Stufen.

Dies korrespondiert auf Konsumentenseite mit dem Trend zur Popularisierung von High-Tech, das heißt einer höheren Einsatzbereitschaft neuer Technologien auf seiten der Endverbraucher. War diese in der Vergangenheit durch Akzeptanzprobleme beim Anwender noch stark begrenzt – man denke hier an die Btx-Euphorie der 70er Jahre –, so ist für den Konsumenten der 90er Jahre der Umgang mit dem PC selbstverständlich. Die Konsequenzen für das Marketing reichen von einer schnelleren Diffusion der neuen elektronischen Vertriebsformen bis hin zur individuellen Produktgestaltung durch den Konsumenten am Computer.

In engem Risikoverbund mit neuen Technologien stehen die ökologischen Herausforderungen. Hier haben Tschernobyl oder spektakuläre Tankerunfälle verdeutlicht, daß Umweltrisiken zunehmend aus einzelwirtschaftlicher Sicht unbezahlbare Dimensionen annehmen. „Ökologie" wird dabei keine Modeerscheinung bleiben, sondern die zentrale Herausforderung der 90er Jahre werden. Einem ganzen Spektrum wirtschaftlicher Chancen steht dabei eine Reihe von gesellschaftlichen und unterneh-

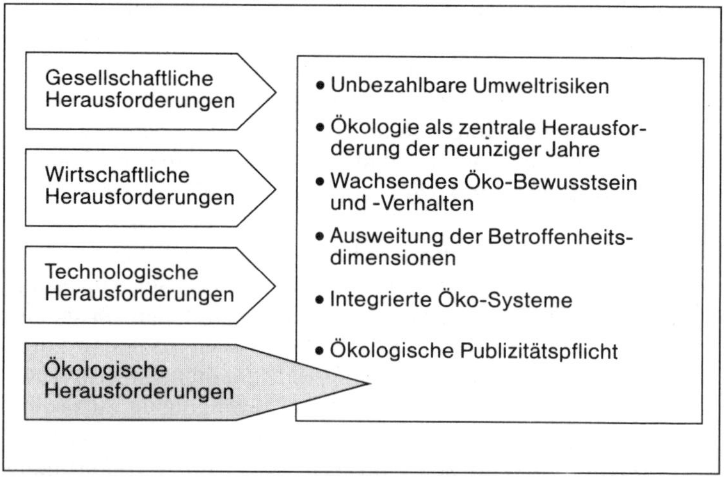

Entwicklung zukünftiger Rahmenbedingungen

merischen Risiken gegenüber. Diese begründen sich zunächst in einer wachsenden Sensibilisierung der Verbraucher für Umweltaspekte. So zeigt eine aktuelle Studie meines Instituts, daß 1990 mehr als 60 % der befragten Erwachsenen im Gegensatz zu 42 % in 1985 der Gruppe der Umweltbewußten zuzurechnen sind.

Diese ökologische Sensibilisierung wird sich in den 90er Jahren nicht nur weiter erhöhen, sondern sich auch auf neue Betroffenheitsdimensionen ausweiten. Hier rückt vor allem der Fertigungsprozeß in das Blickfeld kritischer Konsumenten (zum Beispiel eine unterstellte Förderung der Regenwaldabholzung durch die Beschaffungspolitik von McDonalds). Vor diesem Hintergrund werden die Unternehmen zukünftig verstärkt gezwungen, sich ökologisch einwandfrei in geschlossene Versorgungs- und Entsorgungsnetzwerke zu integrieren. Ein Mittel zur geforderten Überwachung dieser integrierten Öko-Systeme wird dabei eine zu erwartende ökologische Publizitätspflicht der Unternehmen in Form von Umweltbilanzen darstellen.

Die Megatrends 2000 im Marketing

Die skizzierten veränderten Rahmenbedingungen haben deutliche, z.T. einschneidende Auswirkungen auf das Marketing. Hier zeigen sie sich vor allem in einem veränderten Verhalten der Marktteilnehmer „Konsument“, „Wettbewerber“ und „Handel”.

Bei der Entwicklung des Käuferverhaltens sind vor allem die Verschiebungen in den Verbrauchssegmenten als Konsequenz der aufgezeigten demographischen Veränderungen von Interesse. Weniger Kinder, mehr Singles und Senioren haben nicht nur die Babynahrungs-Hersteller auf den Plan gerufen, neue Geschäftsfelder zu finden. Die demographischen Strukturverschiebungen führen vor allem dazu, daß die Konsumenten ihre Bedarfsstruktur ändern. Nach der „Freß- und Bekleidungswelle“ in den 50er und der „Einrichtungs- und Kfz-Welle“ in den 70er Jahren wird die Konsumnachfrage in den 90er Jahren vor allem durch das eingangs beschriebene Phänomen der Freizeit ge-

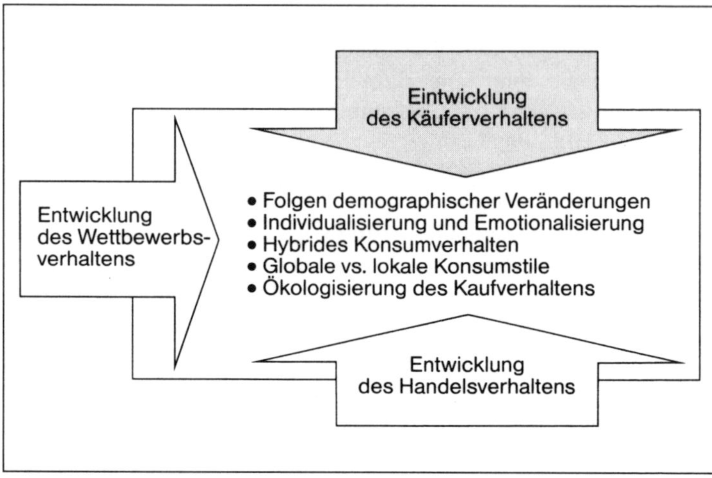

Megatrend Käuferverhalten

prägt. So steigen in den mit Standardprodukten gesättigten Märkten die Ausgaben für alles, was man in der Freizeit unternimmt: Mode, Körper- und Gesundheitspflege, Bildung, Unterhaltung und vor allem Reisen.

Grundsätzlich dokumentiert sich die Dynamik des Konsumentenverhaltens in einer weiteren Differenzierung und Polarisierung der Konsumwünsche. Dabei zählt die Individualisierung zu den zentralen Verhaltens-Megatrends der 90er Jahre und geht einher mit einer zunehmenden Emotionalisierung der Konsumerlebnisse (Erlebniskauf etc.). Die Nachfrage nach individuellen Produkten bis hin zu Unikaten („Designer-Teppichboden") wird dabei vor allem von den kaufkräftigen Zielgruppen zunehmend gut ausgebildeter junger Männer und Frauen der „Erbengeneration" getragen. Eine zweite Konsumstütze stellen jene lebensbejahenden, aktiven Senioren dar, die von amerikanischen Wissenschaftlern als „GLAMS" tituliert werden, was so viel heißt wie Greying, leisured and monied oder auf deutsch: ergraute – aber gut betuchte Verbraucher.

Das geäußerte Konsumverhalten in einzelnen Produktfeldern läßt dabei immer weniger den für das Marketing so wichtigen Rückschluß auf zugrunde liegende Zielgruppenstrukturen zu. Denn die Zielgruppen zersplittern und werden zeitlich instabiler. Zum einen wechseln die Konsumenten ihre Konsumpräferenzen immer häufiger, zum anderen sinkt ihre Marken- und Anbieterloyalität bei Innovationen der jeweiligen Wettbewerber („Instant-Mentalität"). Bezogen auf den einzelnen Konsumenten zeichnen sich dabei zunehmend „hybride" Konsumstrukturen ab. So steht der Nachfrage nach aggressiv niedrigpreisigen Gütern des täglichen Bedarfs nicht selten ein steigender Bedarf nach erlebnisorientiertem Luxuskonsum gegenüber.

Erschwert wird die Käufertypologisierung der 90er Jahre zusätzlich durch eine Polarisierung in globale Konsummuster einerseits und der Rückbesinnung auf nationale, regionale und sogar lokale Werte und Geschmacksausprägungen andererseits. Somit wird der vielzitierte Euro-Verbraucher wohl auf wenige transnationale Zielgruppen beschränkt bleiben.

Der Konsument der 90er Jahre ist zunehmend in ökologischen Fragestellungen sensibilisiert. Im Gegensatz zu den 80er Jahren bringt er dies aber auch zunehmend in einem tatsächlich zu beobachtenden ökologischen Kaufverhalten zum Ausdruck, während die Gruppe der Umweltbewußten – aber gleichzeitig nur bedingt ökologisch Handelnden (Divergenztypen) – immer kleiner wird.

In engem Zusammenhang mit dem Konsumentenverhalten stehen auch die Entwicklungstendenzen im Handelsverhalten. Der Konzentrationsprozeß im Handel wird sich in einem vereinten Europa der 90er Jahre dramatisch beschleunigen. Immer weniger – europaweit kooperierende Handelsunternehmen – werden immer mehr Umsatz- und damit Einkaufsmacht auf sich vereinigen. Von dieser Entwicklung werden die einzelnen Betriebs- und Organisationsformen unterschiedlich betroffen sein. Deutlich abzusehen ist dabei, daß ein gleichzeitiges „trading up" und „trading down" zu einer verstärkten Betriebstypenpolarisierung führen wird. Der „Verlust der Mitte" im Handelsspektrum be-

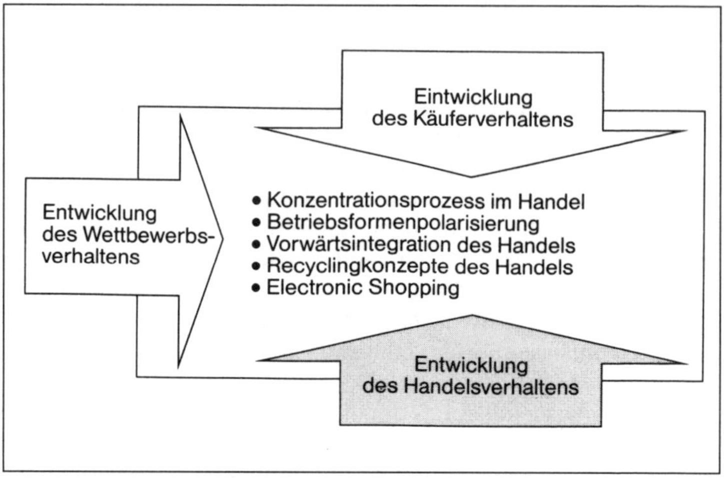

Megatrend Handelsverhalten

rührt dabei insbesondere den Möbel-, Sport-, Textil- und technischen Bedarf. Hier wird die Betriebstypenprofilierung zu neuen Formen erlebnisorientierten Einkaufs führen.

Im Konfliktfeld „Hersteller – Handel" wird die wachsende Einkaufsmacht des Handels mehr noch als bisher die Hersteller zur Übernahme klassischer Handelsfunktionen zwingen. Umgekehrt werden die Industrieunternehmen europaweit versuchen, durch verstärkten Einsatz von Vertragsbindungen ihren Einfluß im Absatzkanal zu stabilisieren oder aber durch Vorwärtsintegration die Handelsproblematik zu umgehen.

Wer im Konfliktfeld „Hersteller – Handel" zukünftig die offenkundig werdenden Recyclingaufgaben wahrnehmen wird, ist derzeit ein in Praxis und Wissenschaft noch heftig diskutiertes Problem. Meine These dazu lautet aber, daß der Einsatz moderner Entsorgungstechnologien und Systeme am Point of Sale im Rahmen hersteller-handelsintegrierter Abfallkonzepte zur Selbstverständlichkeit der 90er Jahre zählen wird (zum Beispiel duale Abfallwirtschaft).

Eine neue Vertriebsform, deren Diffusionsgeschwindigkeit in den 70er und 80er Jahren noch erheblich überschätzt wurde, stellt das „Electronic Shopping“ dar. Hier wird sich aber in den 90er Jahren – nicht zuletzt dank der beschriebenen „High-Tech-Popularisierung“ auf Endverbraucherseite ein Wandel vollziehen. Nutznießer sind dabei vor allem der Versandhandel und ein am Direktvertrieb interessierter Hersteller.

Neben dem Konsumenten- und Handelsverhalten sind die Veränderungen in dem Wettbewerbsverhalten und den -strukturen der Hersteller zentrale Herausforderung an das Marketing der 90er Jahre. Hier wird der bereits in den 80er Jahren durch ein Höchstmaß gekennzeichnete Wettbewerb nicht an Dynamik verlieren. Weltweite Akquisitionen und Beteiligungen werden den Wettbewerb weiter globalisieren und die Betriebsgrößenpolarisierung zunehmend fördern. Kleinere, vormals regionale und lokale Wettbewerber werden zunehmend strategische Netzwerke zur Know-how-Stärkung bilden.

Demgegenüber werden große Unternehmen verstärkt auf das Instrument „strategische Allianzen“ zurückgreifen, um die mit der hohen Technologiedynamik verbundenen Investitionskosten zu bewältigen (IBM-Siemens Megachip). Die Gleichzeitigkeit von kompetitivem und kooperativem Wettbewerbsverhalten führt dann zu neuen „paradoxen“ Wettbewerbsstrukturen: Multinationale Konzerne bilden in Teilbereichen strategische Allianzen mit den gleichen Wettbewerbern, mit denen sie in anderen Geschäftsfeldern im harten Verdrängungswettbewerb stehen (zum Beispiel Ford/VW).

Als Instrumente der intensivierten Wettbewerbsstrategien findet dabei die Waffe „Zeit“ immer größere Anwendung. „Time based strategies“ werden mehr noch als bisher zum Ziel haben, den Produktentwicklungsprozeß und die Fertigungszeit selbst auf ein Minimum zu reduzieren. Eine zweite aus dem Wettbewerbsdruck zu erklärende Reaktion der Unternehmen liegt in zunehmenden De-Vertikalisierungstendenzen. Hersteller versuchen verstärkt, durch Reduktion der Fertigungstiefe und „global sourcing“ an strategischer Flexibilität zu gewinnen. Im Zusammen-

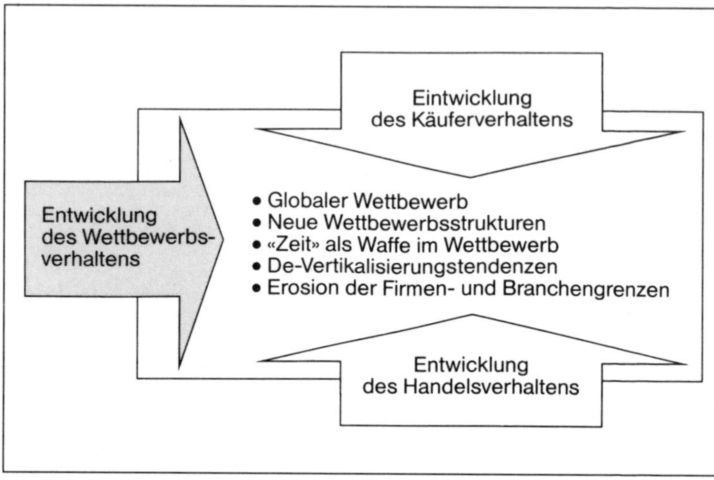

Megatrend Wettbewerbsverhalten

spiel von technologischen Entwicklungen, der verstärkten Bildung strategischer Kooperationen, De-Vertikalisierungstendenzen und Vorwärtsintegration bildet sich die Erosion der Firmen- und Branchengrenzen als charakteristisches Wettbewerbsphänomen der 90er Jahre heraus. Dies mögen in vertikaler Betrachtung die Quasi-Integration von Hersteller- und Zulieferer-Betrieben durch Just-in-time-Konzepte, die Warenwirtschaftssysteme zwischen Hersteller und Handel und die verstärkte horizontale Allianzenbildung nur schlagartig beleuchten. Gleichzeitig findet – bedingt vor allem über die Entwicklung der Informationstechnologien – auch ein Zusammenwachsen der Märkte selber statt. Kreditkartenhersteller integrieren Versicherungen in ihr Angebot, Banken und Versicherungen sind längst zu Financial Services zusammengeschmolzen, aber auch die Tourismusbranche weist immer stärkere Vernetzungen mit dem Versicherungs- und Handelssektor auf.

In der Folge wird es zwangsläufig trotz erhöhter Wettbewerbsintensität auf Branchenebene über das „Vernetzungs-Symptom“ zu einer Machterosion des einzelnen Anbieters mit tiefgreifenden Auswirkungen auf die strategische Gestaltbarkeit der Märkte kommen. Soweit zu einer kurzen Bestandsaufnahme der wichtigsten Marketing-Megatrends für die 90er Jahre.

Die vier zentralen Spannungsfelder im Marketing

Insgesamt belegen die skizzierten Megatrends meine Ausgangsthese, daß keine der aufgeführten Entwicklungstrends nicht durch eine zum Teil gegenläufige Entwicklung gekennzeichnet ist. Das Marketing der 90er Jahre muß sich also in einer durch Gegensätze gekennzeichneten Marketingumwelt behaupten. Diese lassen sich durch vier zentrale Spannungsfelder charakterisieren:

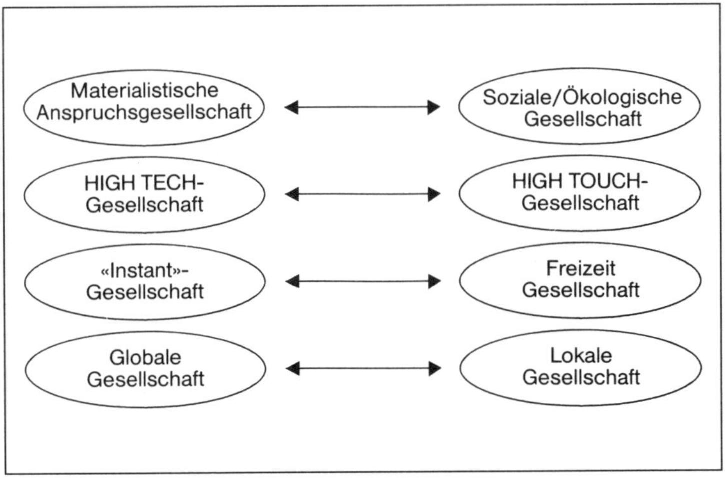

Die Spannungsfelder im Marketing

- So stehen den Konsumwünschen einer materialistischen Anspruchsgesellschaft zunehmend die durch die verschiedenen Anspruchsgruppen gesetzten Rahmenbedingungen einer sozial/ökologischen Gesellschaft gegenüber.

- Der selbstverständliche Umgang mit weltweit vernetzten neuen Technologien in der High-Tech-Gesellschaft ist in Einklang mit der Suche nach Individualität und emotionalem Erlebnis der High-Touch-Gesellschaft zu bringen.

- Umgekehrt führen in einer durch sinkende Arbeitszeiten gekennzeichneten Freizeitgesellschaft die Vorabforderungen der „Instant-Gesellschaft" die Unternehmen in Zugzwang, Produkte verstärkt mit handfestem Zeitvorteil zu realisieren.

- Alle Trends spielen sich weiterhin in dem Spannungsfeld zwischen einer globalen „Cosmo"-Gesellschaft und einer nach regionaler Identität suchenden lokalen Gesellschaft ab.

In dieser Situation verlieren einfache – in zeitgeistigen Marketing-Wellen niedergeschriebene Erfolgskonzepte – ebenso ihre Gültigkeit wie der vorschnelle Aufruf, „Abschied vom Marketing" zu nehmen. Aufgabe der marktorientierten Unternehmensführung in den 90er Jahren muß es vielmehr sein, die Anforderungen an das Marketing neu zu definieren, um in einer erfolgreichen Ausgestaltung zwischen den komplexen Spannungsfeldern zu vermitteln.

Anforderungsprofil des Marketing 2000

Die folgenden acht Dimensionen scheinen mir besonders geeignet, das Anforderungsprofil des Marketing der 90er Jahre zu beschreiben:

(1) Mehr noch als bisher muß eine effiziente Unternehmensphilosophie die Leitidee der Markt- und Kundennähe verwirkli-

chen. Die von den Kritikern geforderte Abkehr vom Bedarfsprinzip zur Erreichung von Zeitvorteilen (Gerken 1991) ist eine gefährliche wie scheinbare Lösung. Denn jedes noch so innovative Angebot muß spätestens dann vom Markt genommen werden, wenn der Push keine Nachfrage schafft.

(2) Erfolgreiches Marketing muß wieder visionärer werden. Eine ausschließlich analytisch-technokratische Sichtweise engt kreativ-schöpferische Entwicklungspfade zusehends ein. Unternehmen wie IKEA, Swatch und Benetton haben uns gezeigt, wie erfolgreich von Kreativität und visionärer Kraft geleitete Unternehmensphilosophien agieren können.

(3) Marketing wird zukünftig noch stärker in die Interessenkonflikte materialistischer und ökologischer Ansprüche geraten. Die marktorientierte Unternehmensführung wird um so erfolgreicher sein, je mehr sie sich mit den gesellschaftlich-ökologischen Interessen frühzeitig auseinandersetzt. Nicht defensives, sondern proaktives Handeln ist gefordert und erfolgreich, wie eine 1990 von meinem Institut durchgeführte empirische Analyse zu Umweltschutzstrategien zeigt.

(4) Die neue Sicht des Marketing stellt besondere Anforderungen an das ganzheitliche Führungsdenken und muß mehr noch als bisher zur Komplexitätsreduktion beitragen. Die Kunst der Vereinfachung, die Konzentration auf das Wesentliche ist gefragt.

(5) Marketing muß sich mehr als bisher in vernetzender Weise mit dem Management von Schnittstellen befassen. Die Vernetzungsaufgabe bezieht sich sowohl auf den innerorganisatorischen Bereich (F&E, Produktion, Beschaffung), wie angesichts erodierender Firmen- und Branchengrenzen auch auf Interfaces zwischen der Unternehmung und ihrer relevanten Umwelt (Kunden, Lieferanten, Gesellschaft, Insidesupplier/ Warenwirtschaftssysteme etc.).

(6) Zukünftige Marketing-Konzeptionen stellen immer weniger „Fertigprodukte" dar. Vielmehr sind sie modular zu gestal-

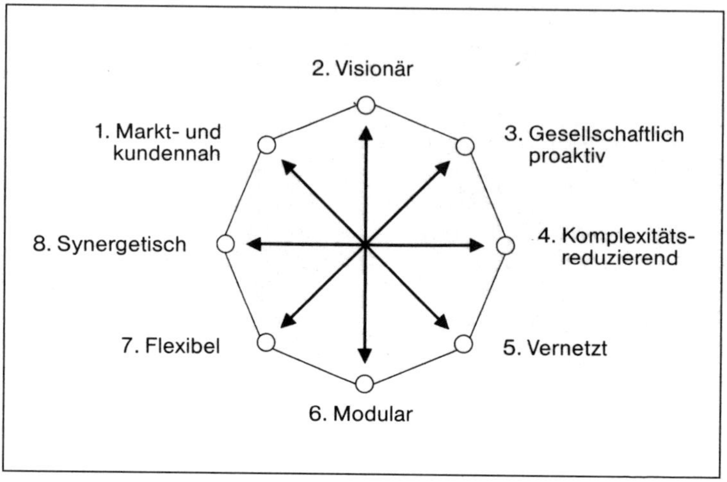

Anforderungen an das Marketing 2000

ten und je nach Situation bausteinartig neu zusammenzusetzen (Standard- versus differenzierte Allfinanzangebote).

(7) Wenn das Kaufverhalten zeitlich instabiler und Wettbewerbsstrukturen dynamischer werden, ist für Marketing-Manager Flexibilität das Gebot der Stunde. Die geforderte Flexibilität der Tourismus-Manager während des Golfkrieges sei hier als Beispiel genannt.

(8) Schließlich muß Marketing innen und außen verstärkt Synergien suchen und nutzen, das heißt, es muß bemüht sein, bestehende Strukturen für die Erschließung neuer Nutzenpotentiale zu aktivieren (Filialisierungskonzepte).

Der skizzierte Katalog der Anforderungen an ein erfolgreiches Marketing der 90er Jahre definiert das Idealprofil eines zukunftsgerichteten Marketing-Konzeptes. Mit ihm gilt es, die aufgezeigten Herausforderungen und Spannungsfelder durch aufeinander abgestimmte Philosophie-, Strategie-, Maßnahmen- und Umsetzungskonzepte zu bewältigen.

Erfolgreiche Ausgestaltung des Marketing 2000

Das Philosophiekonzept des Marketing wird in den 90er Jahren einem grundsätzlichen Wandel unterliegen. Hat sich das „klassische Marketing“ vor dem Hintergrund zunehmend sich herausbildender Käufermärkte immer mehr zu einem differenzierten „Zielgruppen“-Marketing in Volumenmärkten entwickelt, so ergeben sich in Zukunft angesichts fragmentierter und zeitlich instabiler Konsumentencluster immer größere Schwierigkeiten, mit herkömmlichen Segmentierungs- und Typologisierungstechniken die Märkte effektiv zu bearbeiten.

Eine Antwort auf diese Herausforderung liegt in der Entwicklung eines individualisierten Massen-Marketing. Begünstigt durch die beschriebenen Entwicklungen im Fertigungsbereich (CIM) wird der Anteil individualisierter, aber industriell hergestellter Produkte mit der Losgröße 1 rapide zunehmen. Was sich

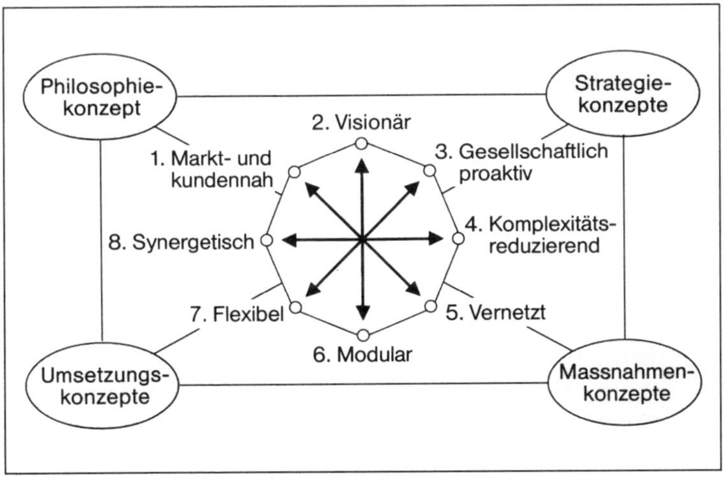

Ausgestaltung des Marketing 2000

heute schon im Automobilbereich abzeichnet – bei Audi läuft nur jeden 10. Tag ein identisches 100er-Modell vom Band –, wird zukünftig unter dem Stichwort „Customized Marketing“ auch für Textil-, Möbel- und Teppichbodenhersteller zum praktizierten Vermarktungskonzept. Damit vollzieht sich aber auch ein Paradigmenwechsel im Absatzbereich: Haben wir in den 60er Jahren erst produziert und dann verkauft, in den 70er Jahren marktorientiert produziert, nähern wir uns zur Jahrtausendwende dem Prinzip „Erst verkaufen, dann produzieren“.

Marketing stand immer im Spannungsfeld von außen herangetragenen Herausforderungen und unternehmensinternen Potentialen. So sind Unternehmen aus dem High-Tech-Bereich in zunehmendem Maße bei der Entwicklung neuer Produkte und Technologien vor die Alternative eines forschungsinduzierten Market-Push einerseits und eines bedarfsorientierten Nachfragesogs andererseits gestellt. Hier ist das Marketing zukünftig, mehr noch als in der Vergangenheit, vor die Aufgabe gestellt, eine visionäre Außenorientierung mit einer vernetzenden Innen-orientierung zu verbinden. Weder zu befragende Verbraucher (oder Anwender) noch die Forschung und Entwicklung allein sind in der Lage, das Bedarfsdilemma zu lösen. Es ist vielmehr die kunden- und marktorientierte Vernetzung der einzelnen Unternehmensfunktionen so weiterzuentwickeln, daß Marketing kein eigenständiger Funktionsbereich bleibt, sondern sich als ein Unternehmenswert im Sinne eines shared value für alle Mitarbeiter fest verankert.

Die Erosion der Firmen- und Branchengrenzen wird nicht zu einer Beeinträchtigung der für die freie Marktwirtschaft so lebenswichtigen Wettbewerbsdynamik führen. Wohl aber wird das Marketing von zum Teil destruktiven Tendenzen eines „Kriegs-Marketing“ der 80er Jahre weiter Abstand nehmen. Die Vernetzung der Märkte bringt in den 90er Jahren neben fairem Wettbewerbsmarketing einen intensivierten Instrumenteeinsatz des kooperativen Marketing.

Schließlich gilt es, Abschied von einem klassischen, oft aber falsch verstandenen Anspruch des Marketing zu nehmen: Der

Fähigkeit zur Beeinflussung bzw. Manipulation. Die in komplexen Umweltsituationen kaum mehr steuerbaren Außeneinflüsse schränken den Spielraum des Marketing, die Marktteilnehmer zu steuern, ebenso ein wie die diesbezüglich sensibilisierte Presse und Verbraucherschutzverbände. „Interaktion" als Oberbegriff eines wechselseitigen Willensbildungsprozesses wird anstelle der Beeinflussung zur Marketing-Ideologie der 90er Jahre oder um Philip Kotler zu zitieren: „Marketing must focus on building value-laden relationships and marketing-networks."

Dringend erforderlich für die erfolgreiche Anpassung des Philosophiekonzeptes erscheint zudem auch eine noch stärkere internationale Ausrichtung des Marketing. Hier müssen Großunternehmen sich als Elemente einer durch Informationstechnologien vernetzten Weltgesellschaft begreifen, in der sie soziale Verantwortung tragen. Bei kleineren und mittleren Unternehmen gilt hingegen weiterhin das Erfolgsmotto „Think global, act local".

Eine weiterentwickelte Marketing-Philosophie wird sich auch in einer erfolgreichen Anpassung der Strategiekonzepte widerspiegeln. Stand bislang am Beginn des Strategiefindungsprozesses immer das Denken in Geschäftsfeldern und deren Beitrag zur Erreichung von Wettbewerbsvorteilen, so werden wir zukünftig der „business mission" die „value mission" voranstellen. Hier gilt es, die Rolle, den Beitrag und die Funktion des Unternehmens in der Gesellschaft zu definieren. Grundlage dazu bilden eigenständige, in Form von Visionen konkretisierte Wertideale und aufzubauende „bezugsgruppenspezifische Wertschöpfungspotentiale" (H. A. Wütherich 1991, S. 255). Als Beispiele einer wertorientierten Vision lassen sich Gottlieb Duttweilers „Ideenwelt" beim Aufbau der Migros, Max Grundigs Vorstellung „Radio in jedem deutschen Haushalt" ebenso heranziehen wie die in der Grundordnung des Bertelsmann-Konzerns schriftlich fixierten gesellschaftlichen Nutzenpotentiale.

In der Vergangenheit hat die mangelnde Umsetzung von Strategiekonzepten oftmals zur grundsätzlichen Kritik am strategischen Marketing geführt. Die Gründe der oft beklagten „Implementierungslücke" liegen jedoch nicht in einem systemimmanenten Fehler des strategischen Marketing, sondern vor allem in einer halbherzigen Umsetzung der Strategie in schlagkräftige Aktionsprogramme. Angesichts der erhöhten Flexibilitätserfordernisse wage ich deshalb für die Alternative „Strategie versus Aktionsorientierung" die These, daß ein erfolgreiches Marketing in den 90er Jahren mehr denn je einen „ganzheitlichen Verhaltensplan" benötigt. Der neuerdings erhobenen Forderung, von der Strategie zur „prozessualen Improvisation" überzugehen (G. Gerken 1990), stimme ich nicht zu. Die 90er Jahre bringen nicht „weniger", sondern mehr Strategien mit besser abgestimmten Aktionen.

Eine Orientierung für die Ausgestaltung der globalen Verhaltenspläne bietet die flexible Ausrichtung der Instrumentalstrategien an mehrdimensionalen Marketing-Erfolgsfaktoren. Ist die Geburtsstunde des strategischen Marketing noch durch das bipolare Erfolgsfaktorenmuster „Preis- versus Qualitätsvorteil" geprägt, so zeigt sich bereits in den 80er Jahren eine Dynamisierung der Wettbewerbsstrategien. Nicht mehr „entweder oder"-Erfolgsfaktoren werden avisiert, sondern unter Nutzung von Zeitvorteilen ihre gleichzeitige Erreichung. Die Realisierbarkeit dieser „Outpacing-Strategies" führen uns derzeit gerade die Automobilhersteller Toyota und Mitsubishi vor. In den 90er Jahren wird das Erfolgsfaktorenset noch komplexer. Zusätzlich wird der gesellschaftliche Nutzenbeitrag als Umsetzung der value mission den Markterfolg der Unternehmen mitbestimmen.

Eine Berücksichtigung der mehrdimensionalen und zunächst unvereinbar erscheinenden Erfolgsfaktoren wird künftig nur durch modulare und zeitorientierte Strategien zu erreichen sein. So können Modulare Marketingkonzepte in vielen Märkten dazu beitragen, die Spannungsfelder zwischen individueller Bedürfnisorientierung und Kostenminimierung auszugleichen. Sortimentsbausteine im Textilfachhandel sind hier ebenso als Beispiele aufzuführen wie die Kombination von Standardprodukten und individuellen Dienstleistungskomponenten im Investitionsgütergeschäft. Welche entscheidende Bedeutung zeitorientierten Strategien bei der erfolgreichen Modulierung von

Angebotsprogrammen zukommt, zeigt das Beispiel Opel, die den 3-Wege-Kat früher als Baustein-Option in ihrer Modellpalette integriert haben als die Konkurrenz und sich somit geschickt als „Öko-Automobilist" profilieren konnten.

Eng mit dem Faktor „Zeit" hängt die Formulierung proaktiver Strategien in den 90er Jahren zusammen. Hier gilt es verstärkt, weit vor der Konkurrenz zu agieren und etwaige Reglementierungen des Staates frühzeitig zu antizipieren. Die ökologieorientierte Strategie vom Handelshaus Tengelmann möchte ich hier als Beispiel einer solchen proaktiven Strategie bemühen.

Das Strategiekonzept gilt es durch ein den Herausforderungen der 90er Jahre angepaßtes Maßnahmenkonzept zu verwirklichen. Die Schwerpunkte im Instrumentebereich liegen in der Weiterentwicklung der klassischen „4 P's" „Product, Price, Promotion und Place", einer situativen Akzentsetzung und einer Erprobung und Ergänzung neuer Instrumente.

Lassen Sie mich bei dem „Leistungskern des Marketing", den Megatrends in der Produktpolitik 2000, beginnen.

Ein erster, sich bereits heute abzeichnender produktpolitischer Trend liegt in dem vermehrten Angebot kombinierter Produkt-/ Dienstleistungsangebote. Dies gilt sowohl für den Konsumgütersektor, wo der Warenkredit längst zum erfolgsträchtigen Profilierungsinstrument geworden ist, wie für die Entsorgungsdienstleistung als Angebotsbestandteil gewerblicher Industrielacke. Gleichzeitig vollzieht sich mit der Service-Anreicherung der Produkte eine Immaterialisierung des Produktnutzens. So ist bereits heute der Personal Computer eher über seine Software-Konfiguration als über Hardware-Kriterien zu bewerten. Erfolgsprodukte müssen sich in den 90er Jahren zudem durch Multifunktionalität auszeichnen. Der Erlebnis- und Freizeitnutzen (BMW-Touring-Konzept) wird zu einer selbstverständlich erwarteten Kundenanforderung.

Das Zusammenwachsen der Informations- und Fertigungstechnologien hat die Voraussetzung für einen Übergang von der

Massenproduktion zur individuell gefertigten Massenfertigung geschaffen. So finden sich Beispiele der industriell gefertigten Unikatprodukte im Fertighausbau ebenso wie im Möbelbereich (Parador) und Bekleidungsmarkt. Hier wird eine vor drei Jahren von Philip Kotler auf einem Vortrag in Münster gezeichnete Vision der „elektronischen Manufaktur" bereits heute von einem norddeutschen Textilhersteller praktiziert. Über Lasertechnologie wird eine optische Ermittlung der Maße eines Kunden vorgenommen, diese auf einer kundenkartenähnlichen „Measure Card" erfaßt und bei Bedarf über eine Online-Kommunikation direkt vom POS in die Zuschneidemaschine des Herstellers übermittelt. Der Einsatz interaktiver Medien geht damit verstärkt mit einer Auslagerung der Produktentwicklung auf den Endverbraucher einher, der seine customized „outside-in" products per Abruf-Produktion selber konstruiert, bestellt und fertigen läßt.

Weitere produktpolitische Megatrends ergeben sich im Bereich des Design und der Markenpolitik. Wurden bis dato primär die Kommunikationsinstrumente zur Imagebildung eingesetzt, so übernimmt zukünftig das Produkt selbst die Aufgabe des zeitgeistorientierten Marken- und Imageträgers (BMW, Boss-Jeans). Die Marke gewinnt dabei als Orientierungs- und Leithilfe auch im Dienstleistungsbereich zunehmend an Bedeutung. Im Konsumgüterbereich erlebt der klassische Markenartikel eine Renaissance, so denn dem Hersteller die Markenführung bei enger Vertriebskanaltreue gelingt. Immer mehr Produktvarianten, Unikatprodukte und der zunehmende Dienstleistungsanteil begünstigen innerhalb der Markenstrategien insbesondere die Entwicklung von Dach- und Markenfamilienstrategien. Gleichzeitig wird der Imagetransfer verstärkt zur emotionalen Aufladung von Produkten genutzt werden (Davidoff etc.).

In neuen Facetten wird auch die Verpackungspolitik erscheinen, die angesichts der ökologischen Herausforderungen in das Produkt-Recycling-Konzept zu integrieren ist. Dies gilt zunächst einmal für sogenannte „Umverpackungen", zu deren Rücknahme der bundesdeutsche Handel nach einem aktuellen Kabinettsbeschluß verpflichtet ist.

Differenzierte Vertriebsschienen bilden die Bausteine einer modularen Distributionskonzeption (Mehrkanalstrategien) der 90er Jahre. Hier eröffnen sich dem Hersteller die Optionen, hochwertige, zunehmend mit Dienstleistungen angereicherte Produkte über Fachgeschäfte und dem Abverkauf über Massendistributionssysteme anzubieten. In der erlebnisorientierten Schiene stellen sich dem Hersteller zukünftig verstärkt die Herausforderungen, die Produkte selbst in die Erlebnis- und Freizeitwelt des Handels zu integrieren. Die Entwicklung freizeitangebotsspezifischer Distributionsformen gewinnt dabei insbesondere für das Angebot von Freizeitdienstleistungen (Erlebnisschwimmbäder etc.) an Bedeutung.

Den zentralen Erfolgsfaktor des Marketing der 90er Jahre im Versorgungsbereich stellt allerdings die effizient integrierte Logistik dar. Hier werden im größeren Binnenmarkt Rationalisierungsressourcen von 15 bis 20 % lokalisiert. Aus Herstellersicht wird die Aufgabe vordringlich, sich mit integrierten Logistikkonzepten mit den jeweiligen Warenwirtschaftssystemen des Handels zu vernetzen, ohne daß angesichts der wachsenden Nachfragemacht ein unvertretbarer distributionspolitischer Machtverlust erfolgt.

Zur Realisierung eingangs beschriebener vertikaler Vorwärtsstrategien bietet sich für die Anbieter in den 90er Jahren darüber hinaus vor allem an, auf den von C. Pümpin treffend als „Multiplikation“ beschriebenen Erfolgsfaktor zurückzugreifen (C. Pümpin 1989). Hier werden Filialisierungsstrategien und Franchise-Konzepte (McDonalds etc.) einen zukunftsweisenden Kompromiß zwischen hoher Kapitalbindung der Hersteller und dem Rückgriff auf freies Unternehmertum darstellen. Ebenfalls relevant für die Distributionskonzepte der 90er Jahre wird die wachsende Verbreitung neuer dialogfähiger Kommunikationssysteme (Btx etc.) sein. Dies wird einerseits verstärkt die interaktive Direktdistribution mit dem Hersteller selbst fördern, andererseits ergeben sich Wachstumsimpulse für den Versandhandel.

Modulares Marketing im Bereich der Kommunikationspolitik kann in den 90er Jahren auf ein breites Mix traditioneller und neuer Medien zurückgreifen. Im Inhouse-Bereich haben sich Systeme der mobilen Datenerfassung (Telefon/Modem) als kommunikative Schnittstelle zwischen Marketing und Produktion längst bewährt ("Computer aided selling"). In der konsumentengerichteten Kommunikation kann indes eine via Satellit in das Kabelnetz eingespeiste Botschaft eines Herstellers durch eine auf die lokalen Bedürfnisse von dem örtlichen Handelspartner zugeschnittene Werbebotschaft ergänzt werden. „Think global act local" kann damit auch hier im Lichte der europäischen Binnenmarktharmonisierung erfolgreich adaptiert werden, zumal die landesspezifischen Medienstrukturen (Print- versus elektronische Medien) kaum konvergieren dürften.

Besondere Zuwachsraten ergeben sich im Kommunikationssektor vor allem im Bereich der Direktkommunikation. So werden den verschiedenen Medien der Direktwerbung (Telefon-Marketing, Direct-Mail etc.) zweistellige Zuwachsraten in den 90er Jahren prognostiziert.

Der vieldiskutierte „Information overload" auf der Seite des Kommunikationsempfängers forciert neben rechtlichen und selbstgewählten Beschränkungen die Differenzierung über einen deutlichen Zuwachs „unkonventioneller" Werbung, wie dem Einsatz multisensualer Werbung („Duftstoff-Marketing"), Kundenclubs, Product Placement bis hin zum Sport- und Szenensponsoring. Ob sich damit die werbetreibende Branche nicht zunehmend in die Nähe der „verdeckten" Werbung bringt und verstärkt dem Vorwurf einer gesellschaftlich geächteten „manipulativen Werbung" aussetzt, bleibt abzuwarten. Festzuhalten bleibt aber, daß sich vor allem die Werbeinhalte in der High-Touch-Gesellschaft der 90er Jahre ändern. Während Sachargumente, „hard selling", Textsprache und die „Jugend" als Leitmotiv an Bedeutung verlieren, nehmen emotionale Argumente, erlebnisbetonte und über Bildsprache vermittelte Werbeaussagen in der Werbergunst zu.

Im Rahmen der Preis- und Konditionenpolitik 2000 wird zunächst eine Revitalisierung der strategischen Preispolitik ein Charakteristikum der zukünftigen Preislandschaft sein. Hier bieten sich vor allem ausdifferenzierte Preissysteme an, die um den Leistungskern insbesondere bei Gütern des gehobenen Bedarfs eine Reihe von Finanzierungsoptionen spannen (zum Beispiel Kfz-Leasing).

Der Kundenkarte kommt dabei als Profilierungs- und Gestaltungsinstrument eine besondere Bedeutung zu. Sie bietet gleichzeitig auch die Möglichkeit, als „elektronisches Rabattmarkenheft" von einer am einzelnen Kaufakt orientierten Preisbestimmung zu langfristig auf die Kundenbindung zielende Preissysteme überzugehen (zum Beispiel Vielfahrer-VIP-Karten der Autovermieter). Weiterhin bietet sich über die zunehmenden Direktabbuchungsmöglichkeiten der Kundenkarte die Chance, Nachfrageschwankungen durch auslastungsorientierte Preissysteme zu reduzieren (zum Beispiel das neue DB-Loco-Preissystem der Deutschen Bundesbahn).

Die vermehrte Berücksichtigung von kundenindividuellen Preiskomponenten, Auslastungsgraden und Finanzierungsoptionen wird in den 90er Jahren zwangsläufig zu einer erhöhten Preisbildungskomplexität führen. Zur gleichen Problematik wird auch die Strategie von einigen Herstellern beitragen, die wachsenden ökologischen Aufwendungen als Preiskomponente sichtbar zu machen. Hier wird der ökologisch-gesellschaftliche Doppelpreis als Summe aus „herkömmlichem Preis" und einem extra ausgezeichneten Umweltaufschlag zu einem preispolitischen Phänomen der 90er Jahre.

Soweit ein Überblick über die Megatrends in den einzelnen Mix-Bereichen. Inwieweit sich innerhalb der Instrumente eine situativ bedingte Bedeutungsverschiebung ergibt, kann nur differenziert in den einzelnen Wirtschaftssektoren beurteilt werden. Hier lassen sich folgende, stark vereinfachte Grundtendenzen herausarbeiten: Während im Konsumgüterbereich die klassische Werbung in ihrer Bedeutung stagniert und die Instrumente „Produkt-/Markenpolitik, Direkt-Kommunikation und integrierte Logistik" zunehmend wichtiger werden, zeichnet sich im Investitionsgüterbereich eine Verlagerung vom technischen Verkauf zu value added services, zur Absatzfinanzierung und Systemberatung ab. Schließlich werden im Dienstleistungsbereich Instrumente zur Steigerung der Servicequalität Aspekte der Verkaufsstellenpolitik in ihrer relativen Bedeutung überholen.

Wie das Marketing 2000 umgesetzt werden kann

Erfolgreiches Marketing in den 90er Jahren erfordert neben einem Philosophiekonzept, einem strategischen Orientierungsrahmen und abgestimmtem Instrumenteeinsatz auch die Schaffung der entsprechenden Umsetzungsvoraussetzungen. Hier gilt es, die Grundsätze und Probleme der Marketing-Führung der 90er Jahre ebenso auszuloten wie den sinnvollen Ausbau der Marketing-Informationssysteme, eine situative Anpassung der Marketing-Organisationsstruktur sowie eine auf die Unternehmensidentität gerichtete Unternehmenskultur zu verwirklichen.

Probleme der Marketing-Führung

Die Marketing-Führung der 90er Jahre muß sich vor allem als ganzheitliches Markt-Management verstehen. Prozesse der Erkenntnis und des Zusammenwirkens, der Rückkopplung und Vernetzung von Marktfaktoren werden angesichts der aufgezeigten Spannungsfelder für den Marketing-Manager immer bedeutungsvoller.

Um dabei der Gefahr der „Verzettelung“ zu entgehen, wird die Führung durch Vorgabe einer Vision – von McKinsey-Chairman Henzler treffend als „Entwurf einer zukünftigen Firmengeschichte“ gekennzeichnet – in besonderem Maße eine Möglichkeit darstellen, eine klare Zielvorgabe mit markt-orientiertem Gestaltungsspielraum zu verbinden. Gleichzeitig wird damit ein „Erwartungskorridor“ geschaffen, innerhalb dessen sich das Marketing-Middle-Management flexibel nach dem Prinzip „Führung durch Selbstführung" den Erfordernissen der sich ändernden Marketing-Umwelt anpassen kann.

Auf der Suche nach „Spitzenführern" wird das Marketing als Folge der demographischen Entwicklungen aber auf immer weniger Kandidaten zurückgreifen können. Die Sicherung des Führungsnachwuchses wird zu einer zentralen Herausforderung im Führungsbereich der 90er Jahre.

Das Marketing ist hier aufgefordert, durch ein effizientes Personal-Marketing zur Planung, Organisation und Durchsetzung einer zielgerichteten Personalführung und Personalentwicklung der Mitarbeiter beizutragen (Der Erfolgsfaktor heißt „human ressources").

Ausbau der Marketing-Informationssysteme

Das Marketing-Management der 90er Jahre muß angesichts der systematischen Erfassung der skizzierten Spannungsfelder die Voraussetzungen leistungsfähiger Marketing-Informationssysteme verwirklichen. In der Informationsbeschaffung bieten zur Sammlung von Sekundärdaten vor allem neue Scanner-Technologien und der direkte Zugriff auf Online-Datenbanken attraktive Einsatzmöglichkeiten im Bereich der Marktforschung. Bei den Primärdaten kann zudem verstärkt auf computergestützte Befragungssysteme zurückgegriffen werden.

Bei Marketing-Informationssystemen selber werden die Executive-Informations-Systems breite Verwendung finden, um dem Manager vor allem eine flexible und umfassende Informationsbeschaffung zu ermöglichen.

Inwieweit sich die in der Marketing-Wissenschaft intensiv diskutierten Expertensysteme auch in der Marketing-Praxis durchsetzen, ist derzeit noch schwer abzuschätzen. Die zunehmende Benutzerorientierung läßt aber auch hier einen zunehmenden Anwendungsgrad dieser Systeme vor allem im Bereich der strategischen Marketingplanung erwarten.

Anpassung der Marketing-Organisation

Weitere Umsetzungsvoraussetzungen für ein erfolgreiches Marketing müssen im Bereich der Marketing-Organisation geschaffen werden. Der organisatorische Wandel wird sich dabei in den folgenden Phänomenen bemerkbar machen: An die Stelle von tiefgegliederten Strukturen mit Product-, Senior Product-, Product-Group- und Division-Managern treten vermehrt flache Marketing-Strukturen mit zwei bis drei Führungsstufen.

Als Erfolgsfaktor bei der Bestimmung der optimalen Größe der markt-orientierten Organisationseinheit orientiert man sich zukünftig verstärkt an dem „Multiplikationsprinzip", das C. Pümpin in seinem Buch „Das Dynamikprinzip" unter besonderer Beachtung des richtigen Führungsverhaltens anschaulich beschreibt. Er bemerkt: „Von unternehmerischen Persönlichkeiten geleitete autonome Subsysteme gehören unbedingt zu einem dynamischen Unternehmen. Bei weitgehender Dezentralisation werden dennoch die Schlüsselgrößen zentral überwacht" (C. Pümpin 1989).

In der Ablauforganisation werden wir vermehrt von starr programmierten Abläufen Abstand nehmen und vermehrt auf selbststeuernde Formen von Ablaufprozessen zurückgreifen. Hier werden die jeweiligen Teammitglieder zukünftig autonom die Prozesse innerhalb eines strategischen Korridors festlegen.

Unternehmenskultur als flankierender Erfolgsfaktor

Zunehmende Bedeutung im Rahmen des Marketing-Umsetzungskonzeptes kommt der Unternehmenskultur als flankierendem Erfolgsfaktor zu. Die Ausprägungen und Anforderungen der „idealen marktorientierten Unternehmenskultur" sind situativ insbesondere marktphasenspezifisch zu bestimmen. So haben sich in empirischen Studien in gesättigten Märkten administrativ-kostenorientierte Kulturen, in wachsenden Märkten Innovations- und Aktionskulturen als überlegen erwiesen. Neuerdings wird die Forderung laut, über Kundenclubs, Nutzernetzwerke etc. den Kunden aktiv in eine nach außen sichtbare Marketing-Kultur einzubinden. Schlagworte wie Szenen-Management und Lifestyle-Kreation prägen unter Verweis auf Konzepte wie Esprit und Benetton die Diskussion. Die Möglichkeiten des Kultur-Management in einer High-Touch-Gesellschaft sind zweifellos vielfältig und reizvoll. Allerdings würde ich mich hier meinem Kollegen Raffee anschließen, der mit dem Hinweis auf etwaige „Kultur-Mätzchen“ auf die Gefahr einer überzogenen Erwartungshaltung bezüglich der Beeinflussung von Märkten durch den Einsatz des Kulturinstrumentariums hinweist.

Als Herausforderungen an das Marketing-Controlling möchte ich abschließend für die 90er Jahre die folgenden Aspekte hervorheben: Das Marketing-Controlling sollte sich analog zum Grundkonzept der marktorientierten Führung immer mehr von seiner instrumentellen Ausrichtung zu einem „shared value“ entwickeln, das heißt das Unternehmen muß sich verstärkt dem Prinzip der „Learning Organization“ im Sinne einer evolutorisch-fortschrittsfähigen Organisation verpflichtet fühlen. Damit ist impliziert, daß die Kontrolle zukünftig von operativen Marketinggrößen (Verkaufszahlen etc.) mehr noch auf strategische Aspekte ausgedehnt werden sollte. Gleichzeitig wird das Controlling auch nach neuen Instrumenten suchen müssen, „weiche Erfolgsfaktoren“ wie Imagedimensionen etc. in das Kontrollspektrum einzubeziehen. Der dazu notwendige Ausbau von Früherkennungssystemen kann dabei angesichts der aufgezeigten Fragmentierungs-, Ökologisierungs- und Politisierungstendenzen dem Ziel eines gesellschaftlich-ökologisch orientierten Monitoring dienen.

Evolutionäre Marktorientierung

Viele Anzeichen sprechen dafür, daß die Entwicklung der marktorientierten Unternehmensführung bis zum Jahr 2000 als ein evolutionärer Prozeß verlaufen wird. Die marktorientierte Führung wird in den Spannungsfeldern materialistischer Anspruchsgruppen und ökologischer Herausforderung, High-Tech und High-Touch, einer schnellebigen Instant-Gesellschaft und einer Freizeitgesellschaft, lokaler Identität und globalen Einflüssen zweifelsohne komplexer und vielschichtiger werden.

Zur Bewältigung der einzelnen Spannungsdimensionen hat das Marketing in den 80er Jahren spezifische Marketingansätze, wie zum Beispiel das High-Tech- oder Sozio-Marketing hervorgebracht. Diese marketingfeldspezifischen Ansätze werden auch in den 90er Jahren ihre Berechtigung haben. Es gibt aber auch Anzeichen, daß wir in den 90er Jahren insgesamt inhaltlich und bezogen auf die Anspruchsgruppen ein erweitertes Marketingverständnis haben, das die einzelnen Strömungen wieder zusammenführt und trotz größter Vielfalt die gemeinsame Identität des Marketing stärkt. Als Ausprägungsformen einer solchen in der Identität gestärkten marktorientierten Führung der 90er Jahre konnten sechs zentrale Tendenzen herausgearbeiten werden:

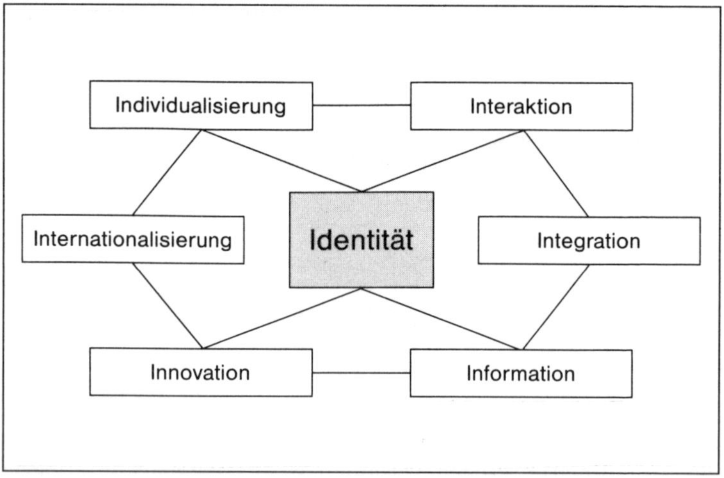

Globale Marketing-Erfolgsfaktoren der neunziger Jahre („7 I's")

- Erstens entwickelt sich das klassische Massenmarketing über das differenzierte Zielgruppen-Marketing zum individualisierten Massen-Marketing.

- Zweitens bewegt sich der Anspruch des klassischen Marketing vom Versuch einer beeinflussenden Gestaltung der Marktteilnehmer immer mehr in Richtung einer interaktiven Sozialtechnik.

- Nicht zuletzt aufgrund der sinkenden Machtfülle einzelner Anbieter werden drittens Elemente des destruktiv angelegten Verdrängungswettbewerbs durch eine Kombination von kompetitivem und kooperativem Marketing ersetzt.

- Die Ausweitung der ökologischen Betroffenheitsdimension führt viertens schließlich dazu, daß Ansätze des ökologisch-gesellschaftlichen Marketing nicht mehr auf einzelne Problemfelder beschränkt bleiben, sondern zu einer globalen Marketing-Philosophie der 90er Jahre werden.

- Fünftens wird der Übergang vom nationalen über das internationale zum globalen Marketing an Bedeutung gewinnen, aber mit lokalen Identitätsmerkmalen angereichert.

- Sechstens schließlich wird Marketing als Führungskonzept von Unternehmen und Organisationen seinen Stellenwert nur dann behaupten können, wenn es gelingt, eine Synthese zwischen Kundenorientierung und Kosteneffizienz sicherzustellen, die Strategie- und Aktionsorientierung miteinander zu verbinden und die Innen- und Außenorientierung mit einer bedarfsorientierten Marketing-Philosophie in Einklang zu bringen. Dies aber setzt eine modulare Marketing-Konzeption zwingend voraus.

Sieben globale Erfolgsfaktoren kennzeichnen somit zusammenfassend die Strömungen und Ausrichtungen für das Marketing:

- ein „mehr" an Individualisierung,
- ein höheres Maß an Interaktion,

- eine Tendenz zur Integration,
- eine Bedeutungszunahme der Information,
- einen wachsenden Bedarf nach Innovation und
- einen verstärkten Trend zur Internationalisierung, ohne die immer wichtiger werdende Identität aufzugeben.

Marketing befindet sich also nicht in der Identitätskrise. Wir brauchen auch keinen Abschied zu nehmen vom Marketing, sondern sind aufgerufen, es in Wissenschaft und Praxis evolutorisch weiterzuentwickeln. Dazu wünsche ich Ihnen und Ihren Unternehmen viel Erfolg.

Literatur:

Gerken, G., Abschied vom Marketing: Interfusion statt Marketing, Düsseldorf 1990

Kotler, Ph., Development and Tendencies of Marketing in the 1990's, in: Meffert, H., Wagner, H. (Hrsg.), Marketing – quo Vadis? – Documentation of the 15th IMMS Conference, Münster 1988, S. 25-37

Meffert, H., Klassische Funktionenlehre und marktorientierte Führung – Integrationsperspektiven aus der Sicht des Marketing, in: Adam, D., Backhaus, K., Meffert, H., Wagner, H. (Hrsg.) Integration und Flexibilität, eine Herausforderung an die Allgemeine Betriebswirtschaftslehre, Wiesbaden 1989

Meffert, H., Erfolgreiches Marketing in den neunziger Jahren, in: ATAG Ernst & Young AG, Zürich (Hrsg.): Marketing im Umbruch, Chancen und Gefahren für den Unternehmer, Referate anläßlich der Dolder-Tagung vom 23. Mai 1991, Seite 7-43

Pümpin, C., Das Dynamik Prinzip – Zukunftsorientierungen für Unternehmer und Manager, Düsseldorf 1989

Scholz, L., Märkte im Umbruch: Welche Rolle spielt das Marketing? (Ifo-Basisstudie), ASW-Sondernummer 10/90.

Wüthrich, H. A., Neuland des strategischen Denkens – von der Strategietechnokratie zum mentalen Management, Wiesbaden 1991

Die Hochleistungsfabrik – das schlanke Geheimnis der „Hidden Champions"

Walter Kummetsteiner

Schlagzeilen wie „200 000 Arbeitsplätze in der Automobilzulieferindustrie gefährdet", „Renommierbranche in Turbulenzen" (gemeint ist hier der Maschinenbau), „Standort-D ein Sozialfall?" prägen derzeit die Presselandschaft. Die Kernfrage der Zukunftssicherung steht in der aktuellen Situation damit wieder ganz vorne: *Wie überlebt ein Unternehmen?!*

Es steht dabei außer Zweifel, daß ein Hochlohnland wie die Bundesrepublik Deutschland auf einem schmalen Grat wandert. Auf der einen Seite kann zum Beispiel gerade der innen- und außenpolitisch so häufig gepriesene deutsche Mittelstand nur in Rahmenbedingungen überleben, die die Wirtschaft nicht mit verteilungsbedingten Steuern und Abgaben überfrachtet. Zum anderen müssen die Unternehmen selbst dafür sorgen, an der Spitze der Leistungsfähigkeit mitzumarschieren.

Die technologische Wettbewerbsfähigkeit in vielen deutschen Unternehmen kann dabei durchaus zuversichtlich gewertet werden.

Die Ergebnissituation jedoch mit durchschnittlichen Umsatzrenditen von weniger als 2 %, wie sie zum Beispiel im deutschen Maschinenbau gang und gäbe sind, sind eindeutig nicht ausreichend, um den zunehmend komplexer und schwieriger werdenden internationalen Wettbewerb zu überleben. Es wäre dabei

Die Hochleistungsfabrik

Ausgangssituation

Auf dem Weg zur Hochleistungsfabrik

Merkmale einer Hochleistungsfabrik

Führung und Mitarbeiter

Aufbauorganisation – Werkstruktur

Ablauforganisation – Informationsfluß

Fertigungstiefe – Lieferanten

Produktionstechnik – Automatisierung

Qualitätsmanagement

unter diesem Aspekt nicht nur müßig, sondern extrem gefährlich, in Deutschland als einem der teuersten Fertigungsstandorte der Welt darauf zu hoffen, daß unser „Kostenvorsprung" deshalb verloren geht, weil anderswo die Löhne schneller steigen.

Was ist also zu tun? Antwort: Lean Production?

Stop: Schon wieder laufen wir Gefahr, auf der Suche nach Rezepten und Instrumenten in die berüchtigte „Instrumentenfalle" zu geraten.

Auf die gleiche Frage, „Wie überlebt ein Unternehmen?", gab es vor circa 15 Jahren schon einmal eine strategische, plausible und anscheinend ausreichend umfassende Antwort: CIM (Computer integrated manufacturing). Was ist daraus geworden?

Aus falschem, weil zu einfachem, Verständnis der CIM-Strategie wurde in vielen Fällen mit hohem Zeit- und noch größerem Geldaufwand an der Realisierung komplexer „C-Projekte", also Projekten mit Computerunterstützung, gearbeitet, mit der vielfachen Konsequenz, daß Flexibilität nach unten, die Gewinnschwelle aber nach oben ging.

Resultat: CIM als strategischer Lösungsansatz wird heute als veraltet, in vielen Fällen sogar in arroganter Sicht der Dinge als Automatisierungswahnsinn abgetan. CIM out, Lean in?

Und wieder stehen wir vor dem gleichen Risiko: Wenn die Frage „Was ist zu tun?" mit der Antwort Lean Production so interpretiert wird – wie ich es in Einzelfällen schon erlebt habe –

- Gruppenarbeit,
- Streichen von Führungsebenen,
- Abschaffen von Fließbändern,

wage ich zu prognostizieren, daß man nach einigen Jahren mit vielfachen Anstrengungen in dieser Hinsicht ein ebenso mangel-

Die
Instrumentenfalle

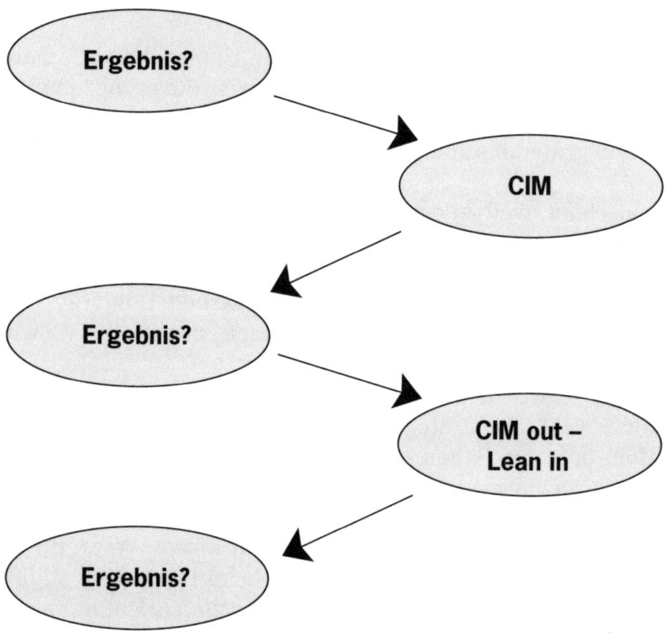

Wenn Du Deinen Vorgänger überholen willst,
tritt nicht in seine Fußstapfen.

Konfuzius

haftes Resultat feststellen wird und dann unter Umständen die Erklärung erfolgt: Lean Production ist japanisch und wir können japanische Mentalität, soziales, politisches und finanzielles Umfeld einfach nicht kopieren. Und die Kernfrage wäre wieder unbefriedigend beantwortet.

Andererseits gibt es Unternehmen, zum Beispiel auch im Maschinenbau, die in Normalzeiten mit Ergebnissen von 15 % und mehr vor Steuern glänzen und auch in schwierigen Zeiten ein positives Ergebnis vorweisen: Champions, in vielen Fällen auch „Hidden Champions", Unternehmen also, die nicht im Rampenlicht der Öffentlichkeit stehen. Was ist in diesen Unternehmen anders?

- Sind die Produkte patentrechtlich abgesichert? Meistens nein.

- Sind die Produkte technologisch wesentlich leistungsfähiger als die der Konkurrenz? In vielen Fällen kaum.

- Sind die Mitarbeiter im Schnitt intelligenter? Sehr zu bezweifeln.

Also müssen die Ursachen für den Erfolg in diesen Unternehmen in der Unternehmensstruktur zu suchen sein, in der Art, wie die Prozesse organisiert werden und in dem Umfeld, in dem Mitarbeiter handeln und agieren können.

Und damit sind wir schon relativ nahe am Begriff der Hochleistungsfabrik und vielleicht auch von Lean Production.

Die Hochleistungsfabrik und Lean Production

Obwohl wir vom Begriff Lean Production als eingängigem, fast populistischen Begriff irgendwie fasziniert sind, fällt uns andererseits erstaunlicherweise die inhaltliche Definition des Begriffes überhaupt nicht leicht. Und was ist denn neu an Lean Production?

Waren Unternehmensziele wie konsequentes Kosten- und Terminmanagement, Kundenorientierung, höchste Produktqualität, maximale Produktivität und motivierte Mitarbeiter nicht schon immer Unternehmensziele erster Ordnung?

In meinem Verständnis heißt Lean Production: Schneller und effizienter das zu erzeugen, was dem Kunden mehr nutzt.

Und dabei meine ich

- schneller und effizienter, nicht vordergründig billiger,
- schneller und effizienter in der gesamten Wertschöpfungskette,
- mehr Kundennutzen ist aus der Sicht des Kunden zu sehen und nicht aus der Sicht unserer Entwicklungsabteilungen, des technologisch Machbaren oder aus der Sicht des „schneller, weiter, höher" als die Konkurrenz.

Es geht also immer um die integrierte Betrachtung der gesamten Wertschöpfungskette, genau den Punkt also, der bei der Umsetzung der CIM-Strategie vielfach falsch angenommen wurde, weil man das „C" anstelle des „I" betont hat.

Auf dem Weg zur Hochleistungsfabrik

Relativieren wir gleich zu Beginn: Lean Production gleichzusetzen mit klassischen Produktivitätssteigerungen in der Produktion, was ja assoziiert werden könnte, lenkt von den wahren Produktivitätsreserven ab. Nur rund 25 % aller in Deutschland beschäftigten Arbeitnehmer sind mit der direkten Herstellung oder mit dem Service von Produkten befaßt.

75 % sind also sogenannte Informationsarbeiter, sei es im Büro, im Managementbereich, in Planungs- oder Entwicklungsabteilungen.

Primärer Ansatz kann deshalb nicht sein, die wertschöpfenden Anteile im Produktionsprozeß zu reduzieren, also Löcher schneller zu bohren und Schrauben schneller einzudrehen, sondern die unter dem Aspekt Kundennutzen nicht wertschöpfenden Anteile in der gesamten Kette drastisch zu reduzieren.

Wesentliche Maßnahmen auf dem Weg zur Hochleistungsfabrik auch im Sinn von Lean Production sind also

- Ganzheitliche Nutzung des Leistungspotentials aller produktiv Beschäftigten in dem Sinne, daß der direkt am Arbeitsprozeß beteiligte Mitarbeiter nicht nur seine Geschicklichkeit und seine Muskelkraft in den Arbeitsprozeß einbringt, sondern auch sein Urteilsvermögen sowie seine Fähigkeiten, Entscheidungen zu fällen und dispositive Aufgaben wahrzunehmen.

- Entfeinerung und Vereinfachung der Planungs- und Verwaltungsprozesse auf das zwingend für den Unternehmenserfolg notwendige Maß (Schlankheitsbegriff im Sinn des Verhältnisses wertschöpfender und administrativer Aufwendungen)

- Überdenken der klassischen Aufgabenverteilungen und Lösungsansätze innerhalb eines Industrieunternehmens.

Merkmale einer Hochleistungsfabrik

Standort:

selten in einem Ballungszentrum

Unternehmensergebnis:

ohne Sondereinflüsse besser als 10 % vor Steuern

Produktivität:

- Wertschöpfungsanteil > 50 % (auch in der Montage)
- schnelle Zellenstruktur mit minimal notwendiger Außensteuerung
- flache Führungsstruktur (4-5 LE), Meister als „Unternehmer"
- umfangreiche Verfügbarkeit von Informationen
- transparente Kosten- und Ergebnissituation und der gemeinsame Wille und klare Ziele zur Verbesserung
- niedrige Bestände (< 15% vom Umsatz), kurze Wege für Mensch und Material
- breitfächige Kundenorientierung und Anwenderwissen auch im Fabrikbereich; dadurch Einflußnahme auf Produktgestaltung
- gut verteilter, nicht zentralisierter Planungsaufwand
- modernste, angewandte und nicht nur tolerierte Organisationshilfsmittel

- Leistungskontrolle über Gruppennormen
- Ergebnisbeteiligung

Flexibilität:

- Mehrfachqualifikation vieler Mitarbeiter (und deren Nutzung)
- Schnelligkeit der Strukturen und der Abläufe
- Leistungsreserven: intern über Kapazitätsreserven, nicht über Bestandsreserven extern über „Wertschöpfungspartnerschaften"

Qualität:

- Qualitätsverständnis aus Sicht des Kunden
- Qualitätsleistung ist „normaler" Bestandteil der Arbeitsleistung

Arbeitsstil:

- fünf oder weniger Führungsebenen
- minimale Anzahl von Zentralstellen
- Fertigungsteams anstelle von Abteilungen
- permanente Arbeit von Projektgruppen
- Continuous improvement anstatt Betrieblichen Vorschlagswesens

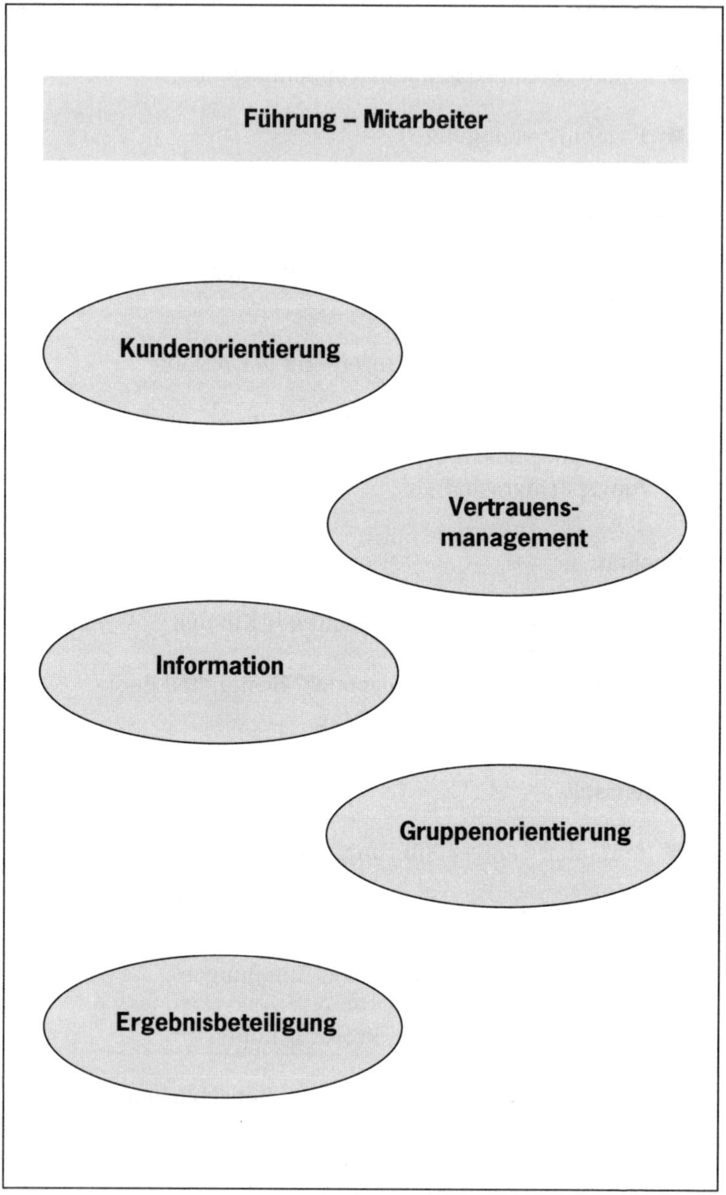
Führung – Mitarbeiter
Kundenorientierung
Vertrauens-
management
Information
Gruppenorientierung
Ergebnisbeteiligung

Die Hochleistungsfabrik: Führung und Mitarbeiter

„Der heutige Wettbewerb ist so komplex und schwierig, das Überleben einer Firma ständig gefährdet, das Umfeld so unvorhersehbar, konkurrenzintensiv und riskant, daß dauerhafter Erfolg die allzeitige Mobilisierung der ganzen Intelligenz jedes einzelnen Mitarbeiters im Unternehmen erfordert."
(Konosoke Matsushita)

Dieses Ziel ist sicher nicht zu erreichen mit einer einfachen Streichung von Führungsebenen, der Einführung von Gruppendiskussionen am „runden Tisch", also quasi dem Management per Meinungsumfrage beziehungsweiese einer neuen „Sozialromantik". Schneller und besser das zu erzeugen, was dem Kunden mehr nützt, erfordert

- massive Kundenorientierung,
- Vertrauensmanagement,
- Information und Kommunikation,
- gruppenorientierten anstelle von tayloristischem Arbeitsstil,
- Ergebnisbeteiligung.

Massive Kundenorientierung

Kundennutzen zu produzieren ist nur möglich, wenn man den Kunden kennt. Stellen Sie sich bitte die Frage, wieviel Prozent Ihrer Mitarbeiter mehr oder weniger regelmäßig Kontakt zum Kunden haben.

Kennt Ihr Montagepersonal den Produktionsprozeß beim Kunden, zum Beispiel durch job rotation mit dem Service?

Sind Ihre Meister und Arbeitsplaner nicht nur auf Lieferantenmessen, sondern auch auf Ihren eigenen?

Wieviele Kunden kennen Ihre Entwickler und Konstrukteure persönlich?

Wenn wir uns diese Fragen ehrlich beantworten, werden wir feststellen, daß wir gerade im Fabrikbereich von einer wirklich breitflächigen Orientierung noch weit entfernt sind.

Nur Mitarbeiter, die den Kunden und seine Funktionserwartung an das Produkt kennen, sind in der Lage, Qualität aus Sicht des Kunden zu montieren oder in Projektteams den so wichtigen Einfluß auf Produktgestaltung zu erreichen.

Vertrauensmanagement

Die erfolgreiche Delegation der Verantwortung nach unten ist eine der wesentlichsten Voraussetzungen, um Hierarchieebenen abzubauen und Führungsspannen zu vergrößern.

Dies funktioniert sicher nicht mit verstärktem Controlling-Aufwand, dem Schaffen interner Revisionsabteilungen und dem Inflationieren von Organisationsrichtlinien.

Es kann nur mit Vertrauensmanagement erreicht werden, auf der Basis von klaren Zielen und bekanntgegebenen Ergebnissen als Basis für die gelebte Verantwortung des Mitarbeiters.

Ziele können sich ändern, Ergebnisse können auch einmal schlechter ausfallen, beides muß bekannt sein, um vom Mitarbeiter zu erwarten, daß er sich damit identifiziert.

Jeder von uns kennt die sogenannte „Mitarbeitervereinbarung" als Führungselement. Man informiert den Mitarbeiter, welches Ziel man hat, warum man es hat und wann man es erreichen will. In wievielen Unternehmen existiert eine derartige „Zielvereinbarung" mit der Belegschaft?

Und in wievielen anderen Unternehmen werden Umsatz, Ergebnis, Kosten, Erfolge und Mißerfolge beim Kunden geheimgehalten. Problemverschleierung führt zu unklaren Zielen und zu einer Glaubwürdigkeitskrise des Managements.

Motivation durch Information

Gerade im Fabrikbereich versuchen wir häufig, mit aufwendigen PPS-Systemen Informationen aus der Fülle der Möglichkeiten zu selektieren und sie genau dosiert zu den Mitarbeitern zu bringen. Informationen von oben nach unten und von unten nach oben werden immer dünner.

Warum sind Informationsflüsse und die Zugänglichkeit zu Informationen gerade im Fabrikbereich nicht sehr viel offener? Die Informationsbereitstellung kann dadurch sehr viel einfacher werden, andererseits werden Informationsabläufe transparenter und müssen sich damit zwangsläufig der „Gruppenkontrolle" unterziehen. Fehler und Überflüssiges werden schneller als in jedem noch so ausgefeilten Berichtssystem sichtbar.

Kommunikation auch auf oberster Führungsebene

Ein sicher banaler Hinweis, doch wie sieht die routinemäßige Kommunikation auf den obersten beiden Führungsebenen wirklich aus? Und wieviel Reibungsverluste und Doppelarbeit haben ihre Ursache in Kommunikationsschwächen in diesem Bereich?

Arbeitsstil: Gruppenorientierung

Arbeitsgruppen, Projektteams, Quality-Circles sind seit Jahrzehnten traditionelle Begriffe der Gruppenarbeit. Wo und wie sind also Aufgabenverteilung und Arbeitsstil anders zu gestalten? Nirgends! Eigentlich müssen wir es nur *tun* – das heißt in die Praxis umsetzen! Wieviele Mitarbeiter sind wirklich im Projektmanagement geschult?

Wieviele bereichsübergreifende Projektteams ohne Hierarchieeinflüsse arbeiten permanent an wichtigen Themen.

Wieviele Fabriken sind im Arbeitsablauf noch nach dem Werkstättenprinzip organisiert und entlohnen im Einzelzeitlohn oder im Einzelakkord?

Wie häufig finden wir im Fabrikbereich noch die klassische Aufgabenteilung zwischen Fertigung, Planung, Steuerung, Lager und Transport?

Welche Plattform haben unsere Mitarbeiter wirklich, Ihre Intelligenz und Verantwortungsbereitschaft in die Verbesserung von Prozessen und Abläufen einzubringen, außer einem frustrierenden Betrieblichen Vorschlagswesen?

Insofern ist der gruppenorientierte Arbeitsstil zum Beispiel im Sinn der Lean Production keine neue Erfindung, es heißt vielmehr weg vom Lippenbekenntnis hin zum *Tun*. Normen, Spielregeln und Übung sind allerdings dazu notwendig.

Hier liegt auch der entscheidende Ansatz für notwendige Kontrollfunktionen: „Gruppennormen" werden immer stärker beachtet und akzeptiert als „Chefnormen".

Ergebnisbeteiligung

Holzhacken ist deshalb so beliebt, weil man das Ergebnis sofort sieht! Beteiligen Sie ihre Mitarbeiter am Ergebnis der gemeinsamen Arbeit.
Die Bandbreite hierfür ist weit, sie reicht von der gruppenorientierten Entlohnung bis hin zur Realisierung eines wesentlichen Lohn- und Gehaltsbestandteiles in Abhängigkeit vom Unternehmensergebnis.

An dieser Stelle wäre zu wünschen, daß für diesen Aspekt auch größere tarifpolitische Freiräume geschaffen werden und der Stellenwert steigt.

Die Aufbauorganisation der Hochleistungsfabrik

Die klassische Aufbauorganisation in westlichen Industrieländern kennt eine nach Unternehmensgröße steigende Anzahl von Hierarchieebenen. Häufig beklagt, aber selten durchbrochen entfernen diese Hierarchieebenen die oberste Unternehmensspitze immer weiter sowohl vom Markt als auch von den internen Problemen im produktiven und abwickelnden Bereich.

Das Prinzip des Berichtens von Ebene zu Ebene verfälscht die Informationen und erzeugt mehr oder minder träge Entscheidungsprozesse. Das Unternehmen ist in Ab-Teilungen organisiert.

Zusätzlich findet man eine Vielzahl von sogenannten zentralen Dienstleistungsabteilungen, die im besten Fall wirklich solche sind, im schlechtesten Fall Eigenleben entwickeln, wo dann die zentrale Datenverarbeitung die Anwender dank Wissensmonopol gängelt, die zentrale Personalabteilung die Mitarbeiterselektion weitgehend beeinflußt und die Finanzabteilung die Kunden durch Formalismen verschreckt.

Begleitet und nach außen dokumentiert wird diese Ab-Teilungsstruktur durch unterschiedliche Feudalismen, vom Assistenten über Sekretariate, Fahrer, Kellner bis hin zum Wachdienst.

Diese Organisationstruktur hat damit in wesentlichen Merkmalen verblüffende Ähnlichkeit mit planwirtschaftlichen Systemen in kommunistischen Staaten, einem System also, von dessen Scheitern wir ja immer überzeugt waren, und dessen Ende wir gerade erleben.

Welcher Kundennutzen entsteht durch diese Organisation? Welcher Kunde wäre bereit, die Feudalismen zu bezahlen, wenn er es direkt zu entscheiden hätte (was er aber tut)?

Aufbauorganisation

Werkstruktur

- Autonome Zellenstruktur
- Produktorientierte Komplettbearbeitung
- Kurze Wege für Mensch und Material

Aufbauorganisation

- Flache Führungsstruktur
- Wenig Zentralstellen
- Fertigungsteams
- Projektgruppen
- Continuous Improvement
- Feudalismen?

Um diese Organisation auf dem Weg zu einer Hochleistungsfabrik aufzubrechen, muß zunächst die „innere Struktur " verändert werden:

- Die Werksstruktur basiert auf kleinen, nach Produkten orientierten Bereichen.
- Der Produktionsprozeß ist in in sich geschlossenen, räumlich und organisatorisch autarken Zellen strukturiert, in denen die Möglichkeit der Komplettbearbeitung existiert (auch im Montagebereich) und alle kurzfristigen Entscheidungsprozesse erfolgen. Die Leistungskontrolle erfolgt über Gruppennormen.
- Wege für Mensch und Material sind kurz.
- Es ist eine nur minimale Außensteuerung erforderlich.

Die Aufbauorganisation der Hochleistungsfabrik nutzt diese Struktur:

- Der Meister als Zellenverantwortlicher ist „kleiner Unternehmer".
- Es existieren Zentralstellen nur für absolute Spezialaufgaben: Rechtswesen, Lohnabrechnung etc.
- Klassische, produktionsnahe Zentralfunktionen wie Instandhaltung, Zentrale Qualitätssicherung, Terminmanagement, Lager und Transport sind bis auf absolut notwendige Querschnittsfunktionen den Zellen zugeordnet.

Je geschlossener und konsequenter die oben genannte Zellenstruktur durchorganisiert ist, je weniger Zentralabteilungen existieren, desto flacher kann als Ergebnis die Führungsstruktur sein.

In einem Maschinenbau-Unternehmen mit circa 350 Mio. Umsatz und circa 1300 Beschäftigten reichen 4 Leitungsebenen.

Parallel dazu existieren laufend bereichsübergreifende Projektteams für unterschiedlichste Aufgaben.

Und es existieren – nicht nur in Alibifunktion – Gruppenspielregeln für ein „continuous improvement" und die Bereitschaft im Management, dafür Zeit und Geld auszugeben.

Ablauforganisation – Informationsfluß

Jedem von uns ist der Begriff Wertschöpfung im Produktionsprozeß bekannt. Doch wer von uns kennt den „Wertschöpfungsgrad " seiner Ablauforganisation? Kennen wir den wertschöpfenden Anteil der Arbeiten, die unsere 50, 60 oder 70 % Informationsmitarbeiter verrichten?

Natürlich gibt es für diesen Bereich traditionelle und zugleich auch legitime Ansätze wie zum Beispiel die Gemeinkostenwertanalyse. Schärfer allerdings wird das Potential, wenn man die interne Ablauforganisation unter dem Aspekt Kundennutzen sieht. Merkmale einer „Hochleistungsorganisation" sind also:

Organisation ist Chefsache!
Seit Einführung der Datenverarbeitung werden Mitarbeiter in den Unternehmen quer durch die Hierarchiestufen in 2 Lager getrennt: die Wissenden und die Unwissenden.

Da die Wissenden und die Unternehmensverantwortlichen nicht immer in Personalunion auftreten, macht die Datenverarbeitung das, was sie für richtig hält oder wovon sie glaubt, der Anwender würde es benötigen. Es ist eine der herausragenden Aufgaben eines Werkleiters, dies zu verhindern.

Ganzheitliche Entwicklung von Werkstruktur, Aufbauorganisation und Ablauforganisation:
EDV-gestützte Organisation alleine macht eine Fabrik nicht sehr viel besser.

Beispiel: Die Durchlaufzeit eines Teiles mit 17 Arbeitsfolgen, das über 5 verschiedenen Meisterbereiche läuft, mit EDV zu beschleunigen, ist ziemlich aussichtslos. Es gilt, schnelle Fabrikstrukturen zu schaffen, die dann schnell und transparent gesteuert werden können.

Rückverlagerung von Steuerungsaufgaben auf die operative Ebene:
Moderne Ablauforganisation unterstützt Planungs-, Steuerungs- und Entscheidungsprozesse in den autonomen Zellen, versucht also nicht, Verantwortung vom Menschen auf den Rechner zu verlagern.

Ich kenne gerade bei den vieldiskutierten PPS-Strategien Modelle, wo man auf Basis einer umfassenden BDE-Erfassung versucht, jede Störung, jeden Terminverzug, jedes Kapazitätsproblem dem „zentralen Leitstand " zu melden, der dann mit nächtelangen Simulationsläufen auf dem Rechner die optimale Reihenfolgeplanung für die Werkstatt ermittelt. Solche Strategien haben in einer Hochleistungsfabrik nichts zu suchen.

Entscheidungsprozesse in der Zelle, die Delegation von Verantwortung also ist nicht durch zentralistische Planung zu beschneiden, sondern durch bessere und aktuellere Information zu unterstützen.

Zugänglichkeit von Informationen:
Delegation von Verantwortung heißt Verfügbarkeit von Informationen. Die umfassende Zugänglichkeit von Informationen ist Voraussetzung dafür, daß sowohl die Intelligenz als auch die Verantwortung der einzelnen Mitarbeiter in die Ablauforganisation und die Unternehmenssteuerung mit einbezogen werden. Eine Ausnahme bilden in diesem Zusammenhang natürlich sensible Daten.

Einige Beispiele:
Für einen Montageschlosser, der eine Maschine oder einen Apparat zusammenbaut, ist es sicher hilfreich zu wissen, welche Beanstandungen von den letzten Kunden vorliegen.

Wenn ein Verkaufssachbearbeiter mit dem Kunden spricht, sind sowohl offenen Reklamationen, offene Zahlungen, Lieferrückstände oder der aktuelle Terminstatus des laufenden Auftrags hilfreich, wenn diese Informationen nur stimmen und einfach zugänglich sind.

Damit ist auch klar, daß „Hochleistungsinformation" nicht heißt, auf Hochleistungsrechnern mit Hochleistungsdruckern zweimal in der Woche kiloschwere Listen zu erzeugen, die dann auf irgendwelchen Schreibtischen verstauben oder nur „bearbeitet" werden, damit der nächsten Hochleistungsdruck erfolgen kann.

Hochleistungsinformation heißt, zum Beispiel in on-line operierenden PC-Netzen über das gesamte Werk einfach und schnell, richtige Informationen zur Verfügung zu stellen.

Das traditionelle Dogma zur Datenperfektion und zur Datenvollständigkeit sollte dabei allerdings überdacht werden. Sofort vorhandene unvollständige Datenbestände und ihre gezielte und kontrollierte Ergänzung im Verlauf des Wertschöpfungsprozesses stellen die Kernpunkte möglicher Durchlaufzeitverkürzung dar.

Automatisierung:
Wie im Produktionsprozeß gibt es auch im Bereich der Ablauforgansation Standardketten, die durch auf Rechner hinterlegten Organisationsanweisungen zu einer Automatisierung von Informationsprozessen führen können.

Nicht mit dem Ziel, Mitarbeiter zu kontrollieren, sondern sie von Routinearbeiten zu entlasten, Doppelarbeiten zu vermeiden und die Qualität der Abläufe durch gleiche Entscheidungen auf gleiche Ereignisse zu verbessern.

Beispiel:
Moderne Terminmanagementsysteme erfassen den ganzen internen Ablauf vom Auftragseingang bis zum Versand in sehr einfacher Weise. Eine in diesem Rahmen zum Beispiele erfolgte

Meldung „Montageende" vom Montagemitarbeiter kann automatisch den Druck von Ersatzteilstückliste, der Versandpapiere und der entsprechenden Teilrechnung auslösen.

Fertigungstiefe – Lieferantenbeziehung

Hochleistungsfabriken haben im Durchschnitt eine geringere Fertigungstiefe als andere Unternehmen. Einfache Konsequenz aus der Tatsache, daß weder Kapital noch Personalressourcen ausreichend sind, um viele benötigte Produktionsprozesse im eigenen Haus technologisch, innovativ und von der Produktivität her an der Spitze zu halten.

Die Fertigungstiefe in Hochleistungsfabriken ist deshalb geprägt durch die Konzentration auf Kernbereiche:

- Schrittmachertechnologien,
- spezifische Produktionsprozesse mit dem klaren Effekt des Wettbewerbsvorteils (Kopierbarkeit),
- Qualitätskritische Prozesse und
- terminkritische Prozesse für den Kundennutzen.

Durch die Konzentration auf diese Schlüsselbereiche wird es möglich, auf diesen Bereichen Spitzenleistungen zu erzielen. Die vielfach noch vorhandene Make-or-buy-Strategie aus Kapazitäts- und Terminproblemen heraus hat damit nichts zu tun. Direkt aus dieser Produktionsstrategie ableitbar ist die Ausprägung der Lieferantenbeziehung in einer Hochleistungsfabrik. Lange Zeit galt das Konkurrenzanalyse-System als das Non plus ultra im Einkauf, das heißt viele vergleichbare Angebote für jede Komponente zu bekommen, um die Kostenstrukturen durch Auswahl des preisgünstigsten Anbieters positiv zu beeinflussen. Die Nachteile sind zwischenzeitlich eindeutig:

- Ebenso wie in der internen, arbeitsteilig organisierten Werkstruktur verursachen unintelligente, unselbständige Lieferanten als isolierte Wertschöpfungselemente einen hohen internen Steuerungs- und Abwicklungsaufwand.

- Sowenig wie intern die Intelligenz unserer Mitarbeiter genutzt wurde, so geringfügig wurde das Innovationspotential des „Rabattpartners " genutzt.

- Die Internationalisierung des Einkaufs wurde zum Beispiel durch den üblicherweise bei Ausschreibungen herrschenden Termindruck erschwert.

- Im weitesten Sinne wertanalytisches Denken, zum Beispiel der Einsatz eines Pkw-Scheibenwischermotors aus der Großserie für den Einzelmaschinenbauer, mit weit größeren Kostenvorteilen als sie ein Rabatt je erzielen kann, lag im Denkprozeß von Einkäufern (und Entwicklern) außerhalb der Norm.

Anstelle dieser Konkurrenzlandschaft treten zahlenmäßig wesentlich weniger, dafür längerfristige Wertschöpfungspartnerschaften mit den Merkmalen:

- gemeinsame Bündelung der Innovationskraft,

- frühzeitige Einbeziehung in die Produktentwicklung,

- gemeinsam erarbeitete Kostenziele,

- ein harmonisches Qualitätsverständnis,

- zum gegenseitigen Vorteil abgestimmte Liefer- und Leistungsstrukturen (Just in time, Abrufplattformen, Rahmenverträge).

Fertigungstiefe – Lieferanten

Fertigungstiefe

Konzentration auf Kernbereiche

- Schrittmacher-technologien
- Wettbewerbsrelevante Prozesse
- Qualitätskritische Prozesse
- Terminkritische Prozesse

Lieferanten

- Weniger, längerfristige Wertschöpfungs-partnerschaften
- Bündelung der Innovationskraft
- gemeinsame Produktentwicklung
- gemeinsame Kostenziele
- harmonisches Qualitätsverständnis
- gegenseitig abgestimmte Liefer- und Leistungsstrukturen

Produktionstechnologie – Automatisierung

Die heute für die unterschiedlichen Branchen zur Verfügung stehenden Produktionstechnologien sind so vielfältig, daß es an dieser Stelle wenig Sinn macht, auf einzelne Fertigungsverfahren einzugehen. Trotzdem sind bei Hochleistungsfabriken quer über die Branchen einheitliche Merkmale festzustellen:

Automatisierung:
Hochleistungsfabriken weisen üblicherweise einen höheren Automatisierungsgrad auf als vergleichbare Konkurrenzbetriebe.

Ursache ist nicht nur, daß dafür mehr Geld ausgegeben wurde (und ausgegeben werden konnte), also nicht die vordergründige Automatisierung aus C-Überlegungen; Ursache liegt vielmehr darin, daß mehr Prozesse vereinfacht und strukturiert wurden, um anschließend automatisierbar zu werden.

Je höher der Anteil der Prozesse ist, die nach Vereinfachung automatisiert wurden, desto besser können die Stärken des Standortes Deutschland, also Kapitaleinsatz, Ausbildungsniveau und Spitzentechnologie genutzt werden. Ergebnis: flexible Produktionsabläufe mit hoher Wertschöpfungsdichte und gleichmäßiger Qualität.

Wird das Kausalprinzip – zuerst vereinfachen, dann automatisieren – nicht berücksichtigt, entstehen komplexe und schwierig zu beherrschende Einheiten, nimmt die Flexibilität ab, weil jede Änderung der Produktionsaufgabe zu einem instabilen Zustand führen kann, verschlechtert sich unterm Strich der Wertschöpfungsgrad durch überproportionalen Planungs-, Steuerungs- und Überwachungsaufwand, steigt also letzten Endes die Gewinnschwelle und die Abhängigkeit von Auslastungsschwankungen im Unternehmen.

Montagetechnik:
Die Montage zum Beispiel im klassischen Maschinenbauunternehmen ist ja üblicherweise Sammelbecken für Störungen aller Art: nämlich kaufmännischer, technischer sowie terminlicher Art.

Konsequenz: Der Montagebereich ist einer der flexibelsten Bereiche im Unternehmen (weil am schlechtesten organisiert). Der Montagebereich ist aber vielfach auch der Bereich

- mit dem schlechtesten Wertschöpfungsgrad (20-30 %),
- einer der personalkostenintensivsten Bereiche,
- ein Bereich mit langen Durchlaufzeiten und hohen gebundenen Beständen sowie
- ein Bereich mit einem hohen Aufwand für Steuerung und Improvisation und damit häufig der teuerste Produktionsbereich.

Hochleistungsfabriken erkannt man unter anderem an ihren Montagen.

Merkmale:

- sichtbare Einflußnahme auf die Produktgestaltung durch eine intelligente Standardisierung und Produktvereinfachung,
- Wertschöpfungsanteil 50 % und höher,
- hoher Vormontageanteil (> 50 %),
- autonome Zellenstruktur mit „Komplettmontagen",
- Integration der Prüfprozesse,
- durchdachte und ergonomisch gestaltete Arbeitsplätze nicht nur mit Katalogausstattung,

Produktionstechnologie
Automatisierung

Automatisierung: ja

Aber nach
Vereinfachung
und
Strukturierung

Die Montage:

Der teuerste
Produktionsbereich

Prozeßsicherheit
vor
Prozeßhöchstleistung

Instrumentenfalle
Produktion

- klarer Materialfluß auch innerhalb der Vormontagebereiche (das Fließprinzip hat als Materialflußprinzip nach wie vor seine Berechtigung),

- Qualität wird aus Kundensicht montiert und geprüft.

Eine Quantifizierung des Ergebnispotentials der Montage in einem „durchschnittlichen" Maschinenbaubetrieb führt zu einer Größenordnung von 5 bis 9 % vom Umsatz.

Es gehört damit neben den Reserven im Planungs- und adminstrativen Bereich (inkl. Management) zu den herausragenden Produktivitätsreserven in vielen Unternehmen.

Prozeßsicherheit:
Bei Innovation im Bereich der Fertigungstechnologie steht Prozeßsicherheit ganz weit vorn.

Abläufe gleichmäßiger, sicherer, einfacher und beherrschbarer zu machen, ist entscheidende Voraussetzung für eine Reduzierung des Planungs- und Steuerungsaufwandes und führt damit in der Gesamtheit zu wesentlich höheren Kostenvorteilen.

Instrumentenfalle „Technologie":
Auch an dieser Stelle sei auf eine sogenannte Instrumentenfalle hingewiesen: Wir erwarten von unseren Konstruktions- und Entwicklungsabteilungen, daß sie fertigungs- und montagegerechte Produkte entwickeln.

Also dürfen wir nicht überrascht sein, wenn beim Vorhandensein leistungsfähiger Produktionsmittel die Einzelteile eines neuen Produkts darauf zugeschnitten sind – und entsprechend schwierig und komplex werden.

Versuchen wir uns als Entwicklungsvorgabe für ein neues Produkt einmal vorzustellen, wir könnten in der Herstellung nur auf einen Schweißarbeitsplatz, eine Blechschere und eine Radialbohrmaschine zurückgreifen, und die Kundenfunktion müßte trotzdem erfüllt sein.

Es gibt Produkte, die mit einem Preis-Leistungsverhältnis im Markt zu plazieren sind, bei denen eine Entwicklungsvorgabe in diesem Sinn von vornherein gerechtfertigt ist, um sie anschließend in einem dafür geeigneten Niedriglohnland produzieren zu lassen.

Es ist in diesem Fall sicher besser, notwendige Make-or-buy-Entscheidungen rechtzeitig, das heißt schon als Entwicklungsvorgabe zu treffen als sie hinterher, nachdem man Anlaufkosten und Planungsaufwand im eigenen Haus finanziert hat, nachzuvollziehen.

Qualitätsmanagement

Höchste Produktqualität stand schon immer im Vordergrund unserer Ziele. Und doch schleichen sich so langsam Zweifel ein, ob der traditionelle Vorsprung des „Made in Germany " noch oder schon nicht mehr gegeben ist.

Und immer wieder sind erstaunliche Unsicherheiten bei der Definition des Begriffes „Qualität" festzustellen. Dabei ist diese Frage wirklich einfach zu beantworten:

Qualität ist die Zufriedenheit des Kunden.

Die Zufriedenheit allerdings mit

- der Funktion des Produkts,
- der Zuverlässigkeit und
- der Behandlung des Kunden durch das Unternehmen selbst.

Drei Dinge sind damit zu korrigieren:

- Qualität ist nicht deckungsgleich mit möglichst perfekten Form- und Lagetoleranzen in der Einzelteilzeichnung.

- Unter dem Aspekt der Kundenzufriedenheit gibt es kein Optimum zwischen Qualitäts- und Fehlerkosten.

- Qualitätsleistung ist im einzelnen nicht gesondert zu honorieren (nur über den Unternehmenserfolg).

Das Qualitätsmanagement einer Hochleistungsfabrik stellt damit sicher:

- Die Produkte funktionieren so wie es der Kunde erwartet. Er muß mit diesem Produkt sein Geld verdienen können. (Dieses Pflichtenheft ist in vielen Fällen nicht deckungsgleich mit dem Pflichtenheft der Entwicklungsabteilung, das von technologischer Perfektion und einem „schneller, weiter, höher " als die Konkurrenz geprägt ist.)

- Die hergestellten Produkte müssen sicher funktionieren und zwar nicht nur im mechanischen Bereich, sondern auch im elektronischen und im Softwarebereich.

Prozeßsicherheit und eine einfache Beherrschbarkeit des Gesamtsystems vom Kunden aus sind entscheidende Qualitätsaspekte.

- Qualität heißt auch die Behandlung des Kundens im Unternehmen, von der Auftragsabwicklung bis zur Ersatzteillieferung, von der Telefonistin bis zur Buchhaltung.

Erreichbar ist eine derartige Qualitätsleistung nur mit einer breitflächigen Kundenorientierung und ausgezeichnetem Anwenderwissen, um die Produkte aus Kundensicht zu entwickeln, fertigen, montieren und prüfen zu können und die breitflächige Verfügbarkeit von Informationen. SPC-Methoden, FMEA, Quality Circles und andere Ansätze sind nur Hilfsmittel.

Benchmarking – aus eigener Kraft zur Spitzenleistung

Werner Burckhardt

Die Katharsis im Unternehmen:

Durch Konfrontation mit der nackten Realität
zu neuer Erkenntnis.
Durch Erkenntnis zum machbaren Weg und
zum eigenen Wandel.
Durch Wandel aus eigener Kraft
zur Spitzenleistung.
Durch Spitzenleistung
zum dauernden Bestehen des Unternehmens.

In der Regel beginnt die Katharsis
– die Kraft der Reinigung –
in einer Zelle an der Spitze,
und sie wird bei erfolgreichen Unternehmen
zu einem dynamischen Dauerzustand
in der Arbeit aller Mitarbeiter.

Geschäftsführungen sind es gewohnt, in erster Linie Kosten, Umsatz, Gewinn/Verlust – das „klare" zahlenmäßige „WAS"- unter die Lupe zu nehmen. Handlungsweisen und Einstellungen von Mitarbeitern, Prozesse und Methoden von Wertschöpfungen – ob funktional, ob bereichsübergreifend, ob mit Kunden und Zulieferern –, sie sind nicht oben auf der Prioritätenliste, obwohl dieses „weiche WIE" die Basis für das „harte WAS" ist. Zahlenanalysen und Kurskorrekturen ohne das Wissen dieser Zusammenhänge werden zum Glücksspiel.

Benchmarking kann helfen. Benchmarking ist die Methode zur Bestimmung der eigenen Lücke/Vorsprungs im Vergleich zum „Klassenbesten" sowie zur Schließung der Lücke/Ausbau der Stärke durch die Umsetzung neuer industrieller Praktiken und Handlungsweisen. Der gesamte Prozeß ist möglichst selbst durchzuführen, wobei die Umsetzung einen eigenen Wandel verlangt, der von niemandem zu delegieren ist – auch nicht vom Topmanagement.

Benchmarking mit Wandel: damit kann das Unternehmen aus eigener Kraft die Spitzenleistung erreichen.

Benchmarking – die gezielte Konfrontation mit der nackten Realität

In der Computerindustrie sind Konkurrenzvergleiche ein altbekanntes und bewährtes Mittel, um die Leistungsfähigkeit verschiedener Rechnersysteme zu jeder Zeit zu vergleichen. Dabei kommt es darauf an, die DV-Systeme aus der individuellen Sicht des Benutzers zu analysieren. Deshalb werden eine Reihe

---

Ich darf allen Kunden, Lieferanten und vor allem Mitarbeitern von Digital Equipment Corporation dafür danken, daß sie es mir durch den gemeinsamen Gedankenaustausch und durch ihre praktischen Erfahrungen ermöglichen, hier Benchmarking und seine Erfolgspoteniale zu vertiefen.

von besonders wichtigen Anwendungsprogrammen ausgewählt und zu einem sogenannten „Benchmark", zu deutsch „Meßlatte" verknüpft; hier die ursprüngliche Bedeutung des englischen Wortes Benchmark: „Festpunkt" im Zusammenhang mit Höhenvergleichen in der Landvermessung.

Dieses Programmbündel wird sodann auf den Rechnersystemen getestet, wobei die Leistung nach festgelegten Kriterien gemessen und beurteilt wird. Am Ende weiß man, bei welchen Verfahren welcher Rechner der beste ist.

Exakt darum geht es bei der Wettbewerbsanalyse mit dem sogenannten „Benchmarking": um den dynamischen Vergleich mit einem anderen Industrieunternehmen, das in einem bestimmten Bereich, gesehen mit den Augen des Kunden, Spitzenleistungen erbringt und deshalb als „Klassenbester" gilt – mit dem Ziel, selbst Klassenbester zu werden.

Benchmarking geschieht in den folgenden drei Etappen, wie in Abbildung 1 über die Zeit dargestellt:

Bestimmung des Problems

Die Verantwortlichen, einzeln oder möglichst im Team müssen den verbesserungswürdigen Bereich und die relevanten Größen, vor allem die kritischen Erfolgsfaktoren genau identifizieren, lokalisieren und quantifizieren.

Suche nach dem „Klassenbesten"

Nur in der Suche von und im Vergleich mit den Spitzenleistungen des „Klassenbesten" werden die eigenen Schwächen offenbar. Es ist die gezielte Konfrontation mit der nackten Realität – ohne „wenn und aber". Gleichzeitig ist das Beste die Latte, an der man die eigenen Aktivitäten mißt und die „Deltas" feststellt.

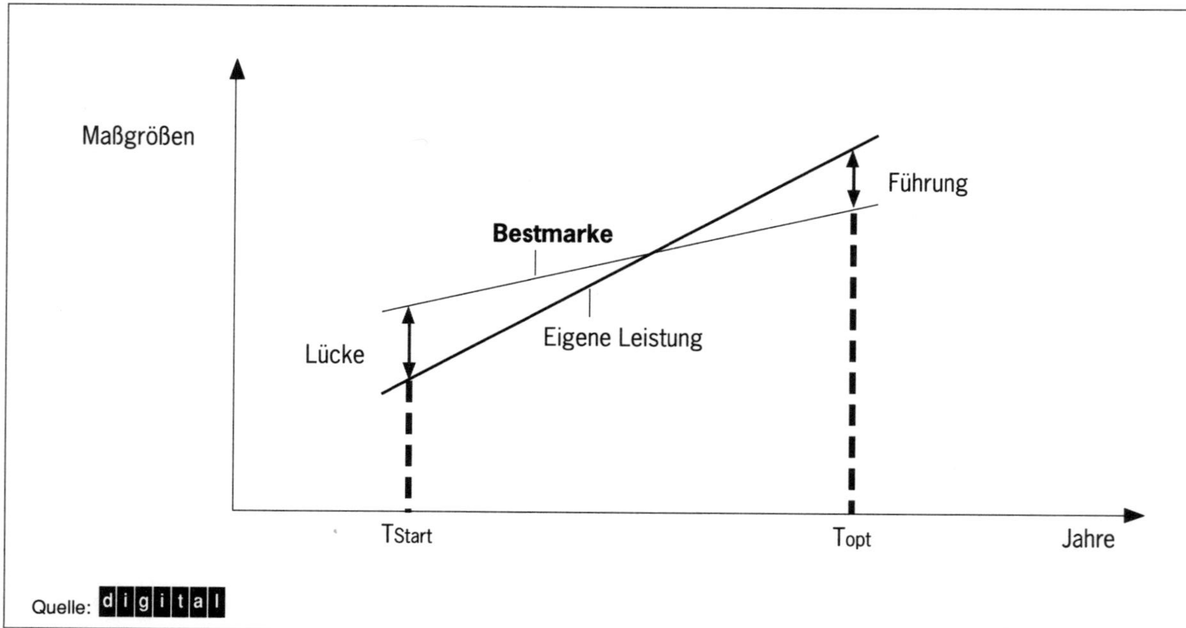

Abbildung 1: Der Weg zur Spitze durch Benchmarking und Wandel

Schließen der Lücke und Erreichen von Spitzenleistungen

Aus den Verfahren, die der Beste anwendet und die „funktionieren", gilt es zu lernen und die besten industriellen Praktiken und Einstellungen zu übertragen, oft einfach nur zu kopieren. Schritt für Schritt, wie in Abbildung 1 über den Zeitraum vom Start T_{start} bis zum optimalen Zeitpunkt T_{opt} dargestellt, wird die eigene Leistung verbessert, bis man selbst Bestmarke geworden ist.

Als Pionier des Benchmarking gilt das Unternehmen Rank Xerox, das nach Ablauf seiner Patente Anfang der 80er Jahre in eine Schieflage geriet und mit Benchmarking sein Überleben sicherte. Ein Xerox-Mitarbeiter, Robert C. Camp, ist Autor des ersten einschlägigen Buches, „Benchmarking the Search for Industry Best Practices that lead to Superior Performance", ASQC Quality Press, Milwaukee/USA, 1989. Grundsätzlich kann Benchmarking für Produkte, Prozesse und Dienstleistungen, aber auch für ganze Bereiche wie Marketing, Vertrieb, Finanzen angewendet werden.

Kaizen und ähnliche Vorgehensweisen sind dem Benchmarking sehr verwandt, weil bei allen Verfahren das „WIE" von Prozessen und Verhalten im Zentrum des Strebens nach Erreichen und Erhalten der Spitzenposition steht.

Benchmarking besitzt als Kern das sehr sportliche Element, sich kontinuierlich dem Kunden und dem freien, sich laufend ändernden Wettbewerb zu stellen, zu lernen und gewinnen zu wollen – nach dem Prinzip der Marktwirtschaft.

In Erweiterung der angelsächsischen „Benchmarking-Schule" kann ich die Bedeutung und Wichtigkeit des eigenen Wandels nicht stark genug herausstellen, was sich wie ein roter Faden durch die folgenden Ausführungen ziehen wird. Wandel muß Teil der Unternehmenskultur werden, um Spitzenleistungen zu erzielen – auch Olympiasieger quälen sich. Und in der Regel beginnt der eigene Wandel an der Spitze.

Der Benchmarking-Kreislauf: zu neuen Erkenntnissen und ihrer Umsetzung

In Abbildung 2 ist der Benchmarking-Kreislauf um das Zentrum des allgegenwärtigen Unternehmensziels „Kundenbegeisterung und Steigerung der eigenen Wettbewerbsfähigkeit" dargestellt. Der Kreislauf besitzt Rückkopplungen zwischen seinen 4 Kernelementen und wird getrieben von den Mitarbeitern mit Verbesserungen in Schritten und Sprüngen, die oft Größenordnungen von 25 % pro Jahr übertreffen.

Im 1. Schritt „Eigene Organisation/Produkt erkennen"
ist das Objekt zu bestimmen und genau kennenzulernen, das dem Benchmarking unterzogen werden soll. Das kann ebenso ein Produkt sein wie ein Prozeß in Entwicklung, Fertigung oder Vertrieb, eine Dienstleistung oder ein Verwaltungsvorgang. Für den Vergleich muß man Meßgrößen, vor allem die kritischen Erfolgsfaktoren flexibel und lernfähig festlegen und quantifizieren, z.B. Kosten-Umsatz-Verhältnis, Entwicklungszeit, Umsatz pro Mitarbeiter, Lagerumschlag, Zufriedenheit der Kunden – je nach Wertschöpfung der betreffenden Unternehmensfunktion.

Im 2. Schritt „Klassenbesten entdecken"
begibt sich das Benchmarking-Team zunächst auf die Suche nach der Bestmarke. Das Team ist bereichsübergreifend und unbürokratisch aus den verantwortlichen Mitarbeitern zu bilden, die den gesamten Kreislauf durchführen und umsetzen. Für die Suche des Klassenbesten kommen Markt-, Konkurrenz-, Zulieferer- und Kundenanalysen, Geschäftsberichte und Publikationen, Kongresse und wissenschaftliche Erkenntnisse in Betracht. Eigene interne Informationsquellen sind vor allem der Kundendienst, Vertrieb und Einkauf. Wenn es um physische Produkte geht, kann auch Backward-Engineering im Labor aufschlußreich sein.

In aller Regel sammelt das Benchmarking-Team 2-3 Monate die wettbewerbsrelevanten Daten, um die Bestmarke und Lücken

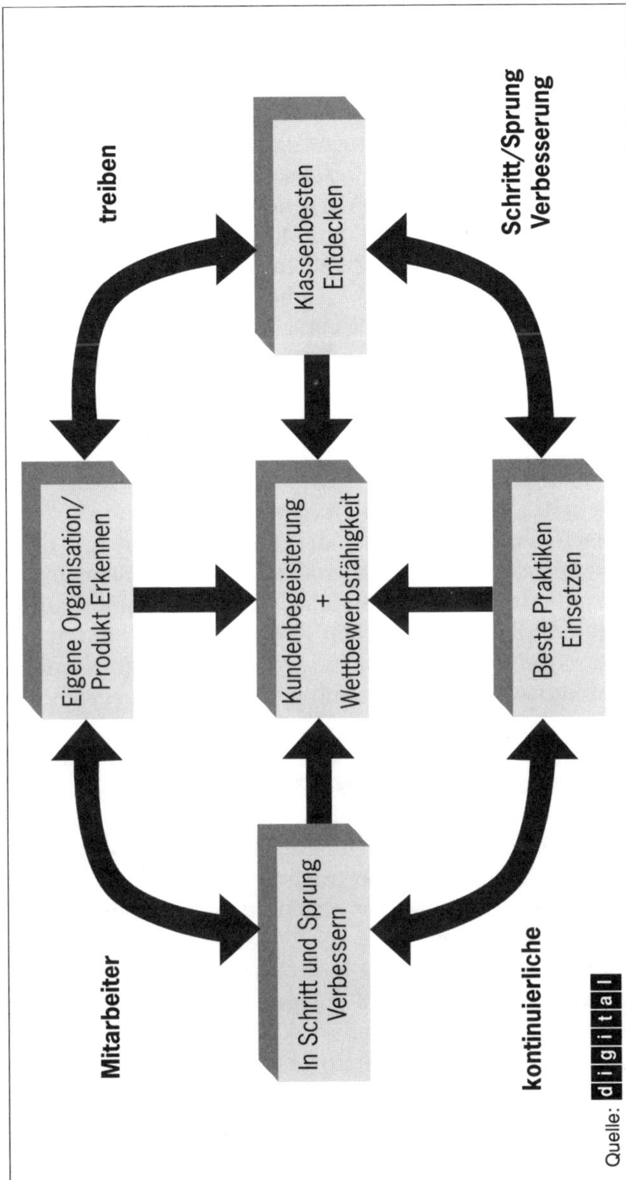

Quelle: digital

Abbildung 2: Der Benchmarking-Kreislauf

zwischen dem eigenen Objekt und der Bestmarke zu quantifizieren. Hierbei findet häufig eine Rückkopplung zu den qualitativen und quantitativen Größen des ersten Schrittes statt. Die brutale Konfrontation mit der nackten Realität in diesen beiden Schritten des Benchmarking-Kreislaufs sind für viele Beteiligten voll von Frustration und Enttäuschung. Die Entdeckung des Klassenbesten und seiner Vorgehensweisen führt bei vielen „hochdekorierten" Experten und Managern zu großen persönlichen Erschütterungen und Zweifeln: „Habe ich bestimmte Entwicklungen nicht gesehen?", „Habe ich den Kunden und den Markt in den letzten Jahren verschlafen?", „Warum hat mein Kollege das Problem X nicht gelöst – ich hab doch immer darauf hingewiesen". Dieser „Schock" ist die beste, fast notwendige Voraussetzung zu neuen Erkenntnissen und zum damit verbundenen eigenen Wandel.

Im 3. Schritt „Beste Praktiken einsetzen"
kann nach der Identifikation des Spitzenreiters und des Leistungsvergleichs das Management mit dem Benchmarking-Team konkrete Ziele fixieren und realisieren: innerhalb eines festgelegten Zeitraums sollen beispielsweise durch Lieferantenwechsel, Konstruktionsänderungen, Neugliederungen x Kosten reduziert und die Qualität um y % gesteigert werden.

Gegenüber den konventionellen Verfahren ist jedoch vor allem neu, gezielt und „erbarmungslos" das „WIE" des „Klassenbesten" kennenzulernen, das heißt, seine Strukturen, Verfahren, Prozesse und Einstellungen zu entdecken, zu verstehen, auf das eigene Unternehmen zu übertragen und erfolgreich auszuführen. Die Umsetzung und der Einsatz dieser Praktiken kann oft Jahre in Anspruch nehmen.

Im 4. Schritt „In Schritt und Sprung verbessern"
bei der Umsetzung der neuen Praktiken für ein neues Produkt oder eine neue Leistung kommt es zum großen Sprung nach vorn in die Reihen der Spitzenreiter. Dieser Schritt ist zwar kurz in der Beschreibung, jedoch höchst zeitaufwendig und anspruchsvoll für alle Mitarbeiter wegen des eigenen Wandels, der erst die Spitzenleistung aus eigener Kraft ermöglicht.

Der Benchmarking-Kreislauf ist wie der Blutkreislauf des Unternehmens ein immerwährender, dynamischer, lebenserhaltender Prozeß, bei dem man zu keinem Zeitpunkt stehenbleiben darf, sondern aktiv und kontinuierlich seine Stärken erhält und ausbaut – und der Spaß macht wie Erfolge im Sport.

Benchmarking-Praxis in der Computerindustrie

Die Computerindustrie ist gekennzeichnet durch eine rasante Geschwindigkeit neuer leistungsfähiger Produkte und Technologien von durchschnittlich 20-25 % Preisreduktion/Jahr, häufig bei gesteigerter Funktionalität mit weltweit offenen Märkten. Hier ein Extrem innerhalb eines Jahres:

Februar 1991:	PC 286-33 MHz	$ 6.000,– Marktpreis
Februar 1992:	PC 386-33 HMz	$ 2.700,– Marktpreis (55 % Reduktion)
Juli 1992:	PC 386-33 MHZ	$ 1.495,– Marktpreis (75 % Reduktion)

Aus der eigenen Praxis ist in Abbildung 3 ein Beispiel nachvollzogen, in dem ein Produkt aus der Klasse der Festplattenspeicher anhand von zwei kritischen Erfolgsfaktoren Produktionskosten und Qualität (in MTBF: mean time between failure) „gebenchmarkt" wurde. Das geschah in einem Zeitraum von 22 Monaten, in dem voll zur Spitze aufgeschlossen wurde bei einer Zeitreduktion von über 40 % Kostenreduktion, von über 45 % und einer Qualitätssteigerung von 400 %, und in dem die Umsetzung neuer Praktiken verbunden mit dem eigenen Wandel begann. Die eigenen, wie auch die Produkte der Klassenbesten sind aus Kundensicht zu jedem Zeitpunkt voll vergleichbar. Dieses Benchmarking verlief in den folgenden Zeitabschnitten:

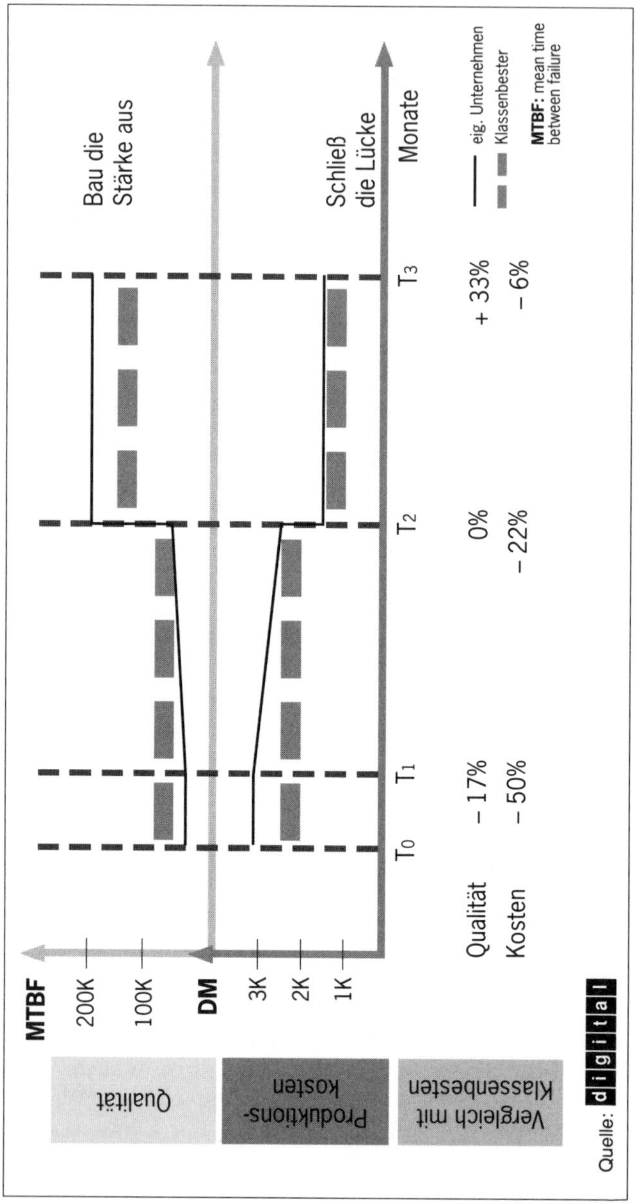

Abbildung 3: Praxisbeispiel aus der Computerspeicherindustrie

T_0: Start des Benchmarking von Produkt P_1 und Suche nach dem Klassenbesten

T_0-T_1: Zeitraum zur Durchführung der Quantifizierung von Produkt P_1 und dem Klassenbesten (2 Monate)

T_1: Vergleich mit dem Klassenbesten – Konfrontation, große Lücken und erste Erkenntnisse

T_1-T_2: Zeitraum zur Verbesserung von Produkt P_1 zu Produkt P_1 + und weiteres Benchmarking des Klassenbesten (9 Monate)

T_2: Weiterer Vergleich des verbesserten Produkts P_1 + mit dem – verbesserten! – Klassenbesten, erste positive Ergebnisse hin zu „Schließe die Lücke"

T_2-T_3: Zeitspanne zur Entwicklung und Fertigung des neuen Produkts P_2, Einsatz neuer Praktiken mit Wandel sowie weiteres Benchmarking vom Klassenbesten (11 Monate)

T_3: Vergleich von Produkt P_2 mit dem – neuen! – Klassenbesten, auf dem Weg zur Spitzenleistung – und weitere Arbeit zur Schließung der jetzt kleineren Lücke

Im folgenden werden die wichtigsten Ereignisse und Elemente dieses Benchmarking-Prozesses in kurzem Detail zusammengefaßt:

Zeitpunkt T_0:
Bildung des 3-Mann-Teams aus verantwortlichen Mitarbeitern der Produktion, Einkauf und Finanzen, die diese Aufgabe neben ihren laufenden Tätigkeiten wahrnehmen.

Zeitraum (T_0-T_1):
Durchführung der Produktionskostenanalyse mit Materialkosten nach 4 Hauptkomponenten, mit direkten Lohnkosten, Abschreibung und Gemeinkosten. Dauer ca. 1 Monat.

Gleichzeitig Suche, Analyse und Bestimmung des Klassenbesten. Hierbei Einsatz von Konkurrenz- und Kundenanalyse, Backward-Engineering und „Klassenbester"-Unternehmensanalyse. Dauer ca. 1 Monat.

Zeitpunkt T_1:
Ermittlung der Lücken: – 17 % Qualität,
– 50 % Kosten

Brutale Konfrontation der eigenen Macher mit der nackten Realität! Erste neue Erkenntnisse!

Zeitraum (T_1-T_2):
Ohne Panik, aber mit gezieltem Druck und Geschwindigkeit Kostenreduktion in den identifizierten Bereichen durch Lieferantenwechsel, Konstruktionsänderung und Gemeinkostenreduktion. Dauer ca. 9 Monate – vorher ca. 16 Monate. Gleichzeitig:

- neue Kenntnisse über nicht vorhandene Entwicklungsreserven des bestehenden Produkts,
- Beschleunigung der Neuentwicklung nach Baukasten- und Familienkonzept, neuen Prozessen und Materialien,
- Entdeckung neuer Marktsegmente,
- Auffinden und Umsetzung neuer industrieller Praktiken.

Zeitpunkt T_2:
Reduktion der Lücke: 0 % Qualität
– 22 % Kosten

Klassenbester wurde in diesem Zeitraum in Produktionskosten und Qualität ebenfalls besser!

Zeitraum (T_2-T_3):
Schon begonnene, jetzt beschleunigte Neuproduktentwicklung und -fertigung. Benchmarking-Team wird um Entwicklungs- und Marketingmitarbeiter erweitert.

Besondere Veränderungen in der Produktentwicklung:

- Kundenbedürfnisse und -segmente als Basis der neuen Produktfamilie,
- Produktfamilie mit 3-4 Generationen als Entwicklungs- und Fertigungskonzept,
- erstes Mitglied der Produktfamilie mit berechenbaren Risiken in Technologie, Materialien, Prozeß und Zulieferern,
- Einführung des Konzepts des Produkt-Projekt-Teams, gebildet von Entwicklung und Fertigung mit Pilot-Linie,
- Beschleunigung durch neue industrielle Praktiken wie Six-Sigma, weitere Details im folgenden Abschnitt „Industrielle Praktiken von Marktführern".

Dauer 11 Monate – vorher ca. 20 Monate.

Zeitpunkt T_3:

Ausbau der Stärke:	+33 % Qualität
Nahezu Schließung der Lücke:	– 6 % Kosten

Klassenbester (in Kosten) ist zum Zeitpunkt T_3 ein anderes Unternehmen geworden.

...and the beat goes on

Der Benchmarking-Kreislauf mit dem „richtigen" Pulsschlag muß im Fluß bleiben:

Messe Dich selbst gegenüber dem Klassenbesten zu jeder Zeit, lerne und setze die Erkenntnisse um.

Praktische Erfahrungen beim Benchmarking-Start

In der praktischen Durchführung des Benchmarking, insbesondere bei den ersten Projekten können die folgenden Erfahrungen inklusive der Behebung des „Wandel-Widerstandes" sehr hilfreich sein:

■ Das Benchmark-Team wird ad hoc gebildet und besteht aus leitenden Verantwortlichen aller beteiligten Funktionsbereiche; von der Bildung einer neuen Abteilung für Benchmarking ist absolut abzuraten.

■ Die Analyse des eigenen Problems muß in kurzer Zeit von maximal 2-3 Monaten durchgeführt werden – Gesamtbeurteilung geht vor Pseudo-Genauigkeit.

■ Häufigkeit von Benchmarking: als kontinuierliche Einstellung in einer Regelmäßigkeit von 2-4mal/Jahr, in Abhängigkeit von der Innovationsgeschwindigkeit der jeweiligen Industrien adäquat vorzunehmen und der Geschäftsführung zu berichten.

■ Zum Auffinden und Erfassen des „Klassenbesten" kann in Konsortien mit befreundeten Unternehmen, aber auch mit direkten Mitbewerbern (aus Konkurrenzgründen i. a. allerdings mit geringerer Informationstiefe) gearbeitet werden – vor „Benchmarking-Tourismus" wird jedoch gewarnt.

■ Benchmarking-Daten existieren an vielen Orten, sie müssen nur entdeckt und „enthüllt" werden – Güte und „Frische" der Informationen ist zu beachten.

■ Benchmarking-Institutionen existieren – auch hier ist zu beachten, daß Benchmarking nicht zum Selbstzweck und „l'art pour l'art" wird.

■ „Change-Agent" zum Benchmarking: die Notwendigkeit, sich

dem Besten zu stellen, wird nicht immer gesehen. Als Anstoß in „Friedenszeiten" kann die Schaffung einer „künstlichen Krise", zum Beispiel durch eine Budgetkürzung bei den Ressourcen oder durch eine unverhältnismäßig große Gewinnplanungserhöhung das notwendige Bewußtsein kreieren.

■ Sehr häufig werden in vollem Enthusiasmus die eigene Lücke, sogar auch die besten industriellen Praktiken entdeckt – und dann ist Sendepause nach dem Motto: das Schließen der Lücke besorgt die Geschäftsführung. Jetzt erst beginnt für alle Beteiligten die „richtige" Arbeit und der eigene Wandel.

■ Budgetierung und Planung mit Benchmarking – ja! Von der Produktplanung, Langfristplanung bis zur jährlichen Budgetierung sind neben den eigenen Planzahlen die relevanten gültigen Benchmarking-Daten, wenn auch nur in relativen Prozentangaben, anzuführen. Gerade in der Planungsphase und -entscheidung gilt: Konfrontation mit der Realität sowie Bekenntnis, Wille und Weg zur Spitzenleistung mit dem Zwang zum eigenen Wandel.

Wenn wie beim Benchmarking die Verantwortlichen selbst die Prozesse durchführen, kann ein verdeckter „Wandel-Widerstand" beobachtet werden, der durch die folgenden Empfehlungen aufgebrochen werden kann:

- Nimm Dir die Zeit, auch wenn Du felsenfest meinst und kundtust: „Dafür habe ich keine Zeit!".
- Gib Mängel zu, auch wenn Deine Autorität wackelt.
- Arbeite im Team simultan und schnell, auch wenn Hierarchien, Funktionsabgrenzungen und „alte" Gewohnheiten im Wege stehen.
- Lerne weiter, auch wenn Du glaubst, schon alles zu wissen.
- Überzeuge Dich selbst, daß das „Unmögliche" bei anderen schon funktioniert und es wird auch bei Dir laufen.

Diese „Aha-Erlebnisse" sind die stärksten Schübe für den eigenen Wandel. Um mit Benchmarking erfolgreich zu werden, empfiehlt sich, persönlich bewußt die folgenden Phasen zu durchlaufen:

- Frustration ohne Selbstaufgabe,

- schneller, wenn auch nur kleiner Erfolg zur Gewinnung eines neuen, stärker lernfähigen Selbstbewußtseins,

- eigener Wandel zur Gewinnung der Spitzenposition.

Industrielle Praktiken von Marktführern – seit Jahren erfolgreich im Einsatz

Unter den bestehenden, von zahlreichen Unternehmen seit Jahren erfolgreich eingesetzten Praktiken werden hier kurz

- das Produkt-Projekt Team,
- der Six-Sigma-Prozeß und
- das IT-integrierte Unternehmen

vertieft. Sie sprechen dominant den Menschen, den Prozeß sowie die Information/Kommunikation an, und sie sind, zur vollen Entfaltung gebracht, die Basis von Spitzenleistungen der Marktführer. In diesen Unternehmen sind über die Jahre enorme Veränderungen in den Unternehmenskulturen und bei den Mitarbeitern zu beobachten.

Produkt-Projekt-Team

Diese Teams bestehen aus festen Mitarbeitern von Marketing, Entwicklung, Fertigung und in Abhängigkeit der Unternehmen und ihrer Ziele z.B. von Kundendienst. Sie rekrutieren sich aus den jeweiligen Unternehmensfunktionen und behalten auch weiterhin zu ihnen Kontakt, bilden aber als Teams produktbezogen selbständige Einheiten, siehe Abbildung 4. Sie berichten an ein Komitee für Produktplanung und -entscheidung, das direkt bei der Geschäftsführung angesiedelt ist. Damit werden zum Beispiel Marketing, Fertigung und Qualitätssicherung schon von Anfang an in die Produktentwicklung eingebunden. Ebenso werden auch Beschaffung, Zulieferer und Kunden von Beginn an beteiligt. *Simultanes Vorgehen anstelle von sequentiellem Taylorismus.*

Die Teams bleiben über mehrere Projekte hinweg zusammen. Die Teams werden von Projektmanagern angeführt. Diese haben eine große Entscheidungsfreiheit sowie Budgetverantwortung, haben Einfluß in der Organisation und genießen einen hohen Status. Der Teamführer berichtet dem übergeordneten Komitee, das die unterschiedlichen Entwicklungsprojekte im Unternehmen koordiniert und ihren Erfolg überwacht; hier werden je nach Fortschritt auch strategische Entscheidungen gefällt.

Der Six-Sigma-Prozeß

Er ist von Motorola in den 80er Jahren entwickelt worden mit der Zielsetzung, die Fehlerquote von Produkten, Prozessen und sonstigen Abläufen auf +/- 6 Sigma (Sigma ist die Streuung der Normalverteilung) zu reduzieren, das entspricht der Größe 3.4 PPM (parts per million). Die Umsetzung verlangt Jahre. Der Six-Sigma-Prozeß ist kunden- und ablauforientiert und verläuft in den folgenden 6 Schritten:

- Identifikation der Produktcharakteristiken,
- Bestimmung der Produktelemente,
- Festlegung der Prozeßschritte,
- Festlegung der zulässigen Toleranz,

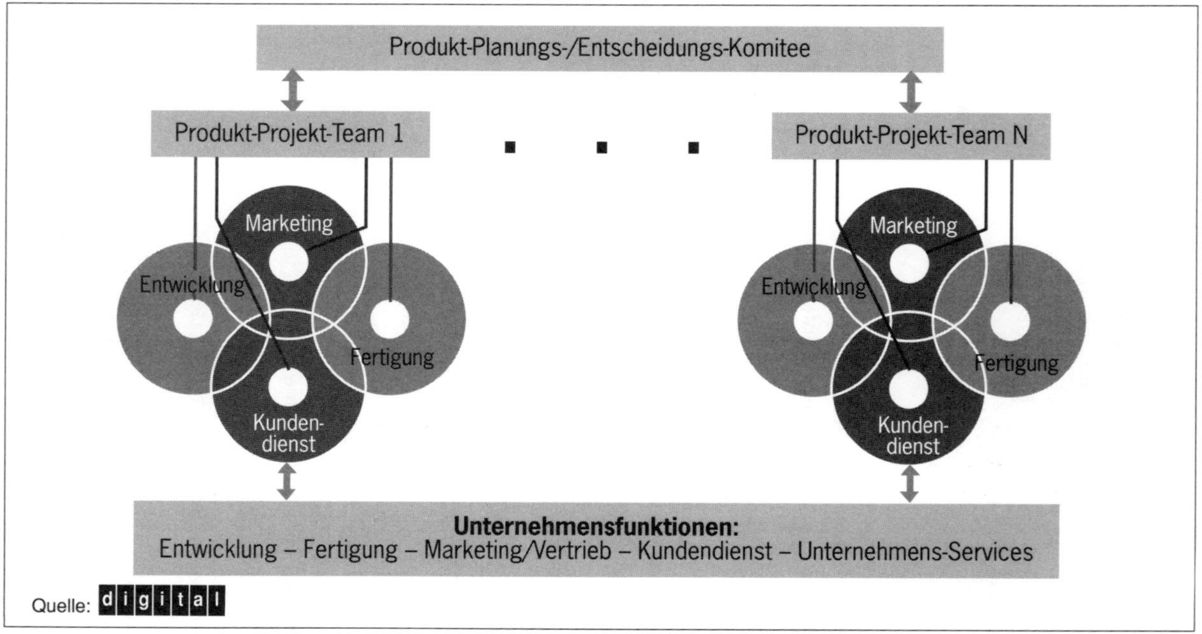

Abbildung 4: Das Produkt-Projekt-Team und seine Einbettung ins Unternehmen

- Festlegung der Prozeßfähigkeit Cp und

- erst starten, wenn die Prozeßfähigkeit Cp ≥ 2 erreicht ist.

In Abbildung 5 ist die simultane Zusammenarbeit von Entwicklung und Fertigung dargestellt durch die proaktive Six-Sigma-Abstimmung der Entwurfstoleranzen LSL-USL (unteres bzw. oberes Toleranzlimit) von seiten der Entwicklung sowie der Streuung des Fertigungsprozesses von seiten der Fertigung. Der Quotient beider bestimmt die Prozeßfähigkeit Cp. Erst diese in gegenseitigem Ringen erzielten Abstimmungen garantieren neue „fehlerfreie" Produkte, die zudem beschleunigt auf dem Markt für den Kunden angeboten werden können.

Das Six-Sigma-Programm muß von der Unternehmensspitze bis zum letzten Glied im Unternehmen trainiert und vorgelebt werden. Die Ziele müssen kurz- und langfristig gesetzt werden, ehrgeizig bis an die Leistungsgrenzen. Motorola spricht jetzt schon von kaum vorstellbaren Fehlerquoten in den Dimensionen PPB (parts per billion), um den Faktor 1000 strenger als PPM!

Das IT-integrierte Unternehmen (IT = Informationstechnologie)

Es ist intern von der Basis bis zur Spitze, extern mit Kunden und Zulieferern vernetzt, siehe Abbildung 6. Dank der Leistungsfähigkeiten der elektronischen Informationstechnologie lassen sich die Zusammenhänge und Eigenschaften während des gesamten Lebenszyklus von Produkt und Prozeß in Echtzeit, im Direktzugriff, in Ganzheitlichkeit planen, entscheiden und kommunizieren. Information für alle, überall, jederzeit und in jeder Form heißt „Ermächtigung", Beschleunigung und Verantwortungssteigerung für die Mitarbeiter – beinahe eine Revolution von der Informationsdiktatur mit „Information ist Macht" zur Informationsdemokratie mit „Information ist für alle da". Dadurch liegt hier das größte Potential für die Zeitkompression durch die Schaffung einer auch mental neuen Informations- und Kommunikations-Kultur vor.

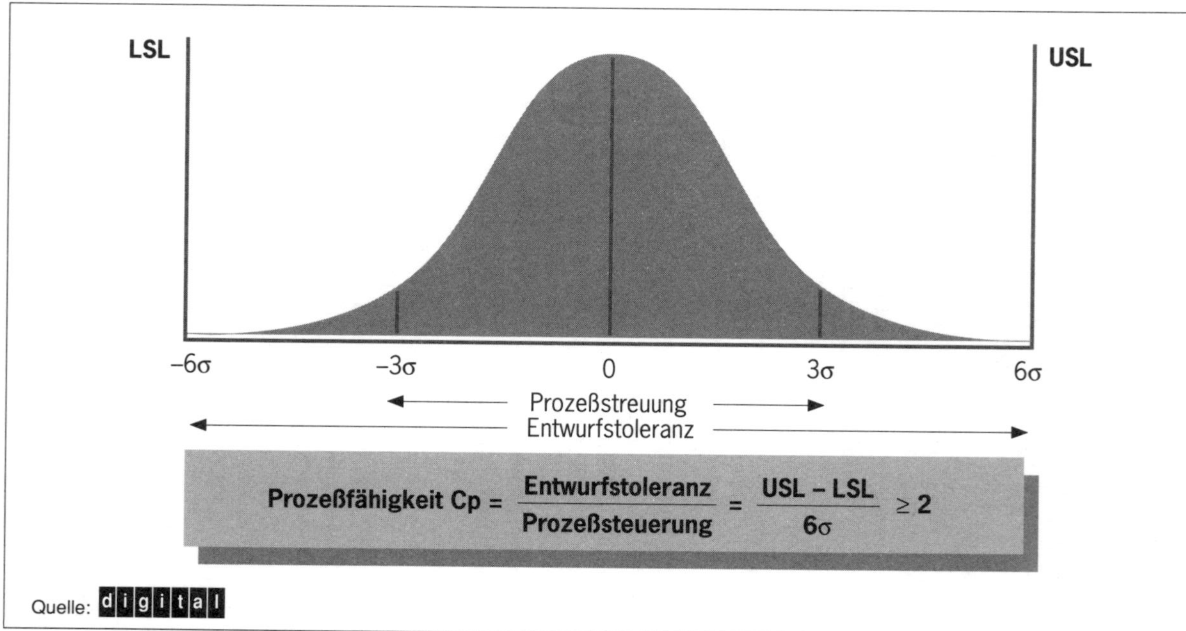

Abbildung 5: Der Six-Sigma-Prozeß mit der „C_p"-Formel der Prozeßfähigkeit

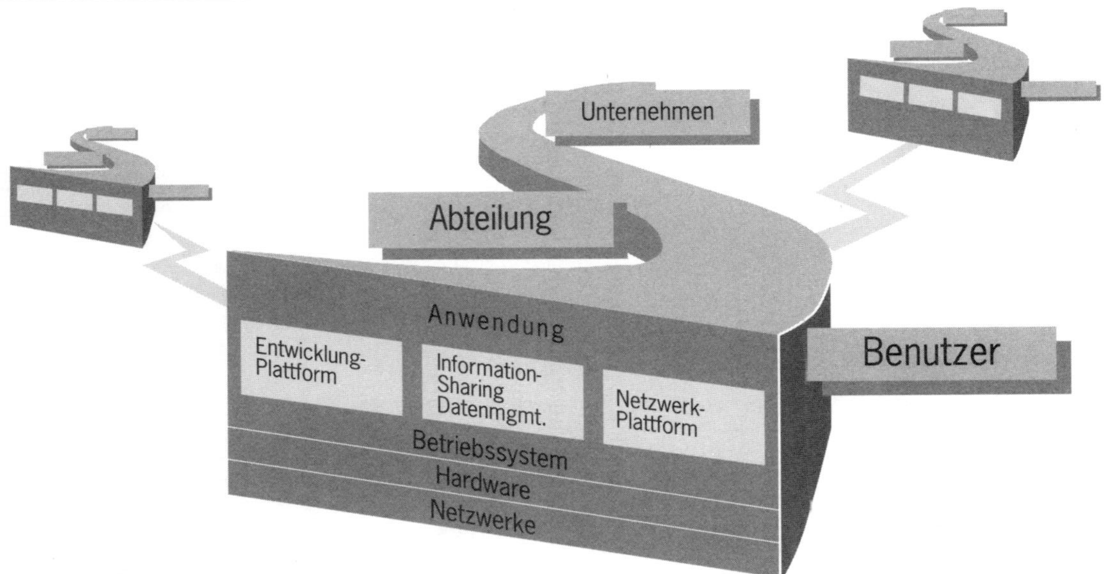

Quelle: digital

Abbildung 6: Das IT-integrierte Unternehmen

Zusammenfassend gilt, daß die „besten" industriellen Praktiken im allgemeinen in ihren Hauptzielen und Dynamiken miteinander verknüpft sind und sich gegenseitig hochschaukeln. Denn das Produkt-Projekt-Team muß Six-Sigma-Prozesse und Informations- und Kommunikations-Integration einsetzen, um kunden- und marktgerecht die Spitzenleistung zum richtigen Zeitpunkt mit Erfolg zu bringen in einem neuen *grenzenfreien Wertschöpfungsnetz mit Kunden und Zulieferern.*

Der simultane Unternehmenskompaß für den Wandel

Das Unternehmensspiel: „Aus eigener Kraft zur Spitzenleistung" verlangt entscheidend neu ein simultanes, dynamisches Denken, Entscheiden und Handeln der Mitarbeiter in und zwischen Entwicklung, Fertigung, Verkauf und Service in Abstimmung mit dem Kunden und Zulieferer. Diese Kernziele und Zusammenhänge sind graphisch im simultanen Unternehmenskompaß in Abbildung 7 dargestellt mit den 5 Dimensionen

- Zeit,
- Funktionalität,
- Qualität,
- Kosten und
- Gesamtresultat.

Hierbei beinhalten zum Beispiel

Zeit: time to market, time to volume, time to profit, response time

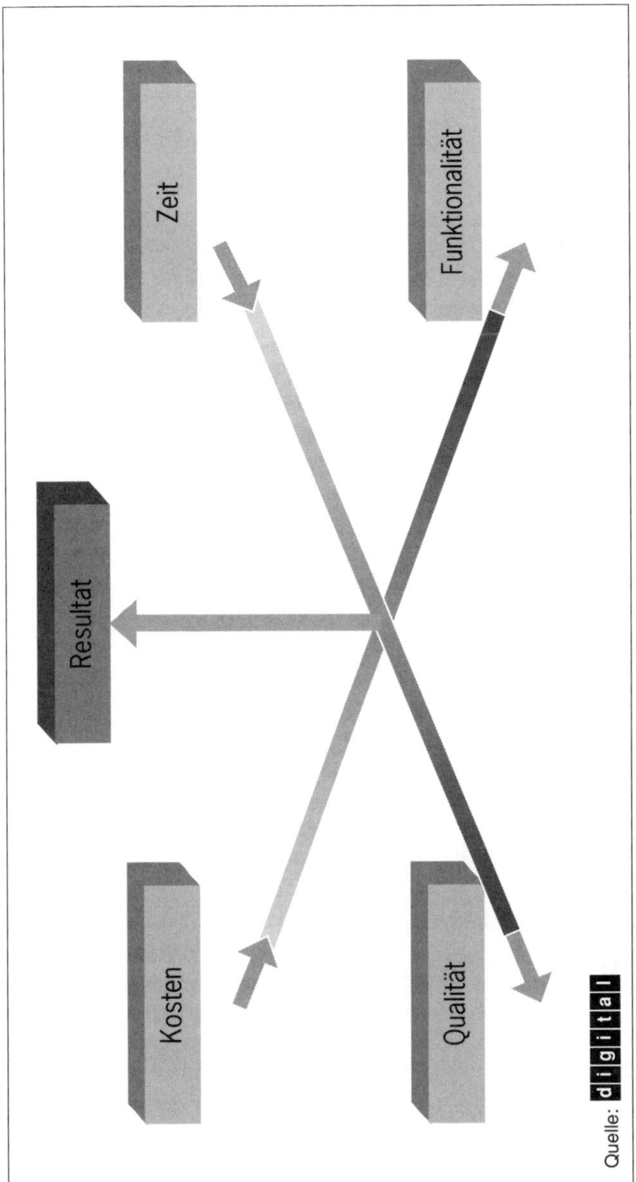

Abbildung 7: Der simultane Unternehmenskompaß

Funktionalität:	Produkt- und Leistungseigenschaften, Spezifikationen, Umwelt-, Energie- und Bedienungsfreundlichkeit
Qualität:	Erfüllung der Funktionalität, alle Leistungen in Auftragsabwicklung, Garantie und Kundendienst
Kosten:	Entwicklungs-, Produktfertigungs-, Vertriebs-, Service-, System- und Unterhaltskosten
Gesamtresultat:	Abteilungsprofit, Unternehmensgewinn

Die Dynamik dieser Größen wird in der Abbildung 7 durch die Pfeilrichtung dargestellt, zum Beispiel verkürzt sich laufend die Entwicklungszeit, während die Anforderungen an die Produktleistung und die Qualität kontinuierlich steigen.

Der Unternehmenskompaß muß auf die jeweiligen Aufgaben in diesen 5 Dimensionen genau festgelegt werden. In der tagtäglichen Arbeit und bei jeder Entscheidungsvorbereitung müssen alle Dimensionen simultan bewertet werden, um kosten- und zeitkonsumierende Suboptimierungen zu vermeiden. Dieser Kompaß muß im Kopf und im Herz aller Mitarbeiter verstanden und gelebt werden.

Wandel – nach alten und neuen Spielregeln

McKinsey hat 1985 untersucht, warum viele Unternehmen des Mittelstands erfolgreich sind und machte dabei u.a. die folgenden Beobachtungen:

- sie produzieren Spitzenprodukte für Marktnischen,

- die Geschäftsführung setzt über 10 % der Zeit für Kundenkontakte ein,
- die Bürokratie ist minimal und
- das Topmanagement ist besitz- bzw. erfolgsbeteiligt.

Wie man aus dieser „alten" Untersuchung sieht, sind viele Erfolgskriterien zeitlos und werden auch für die nächsten Jahrzehnte ihre Gültigkeit weiter besitzen. Das gilt ebenso für die Spielregeln erfolgreicher Unternehmen der 90er Jahre.

Spielregeln erfolgreicher Unternehmen der 90er Jahre

Kunde:
Höre auf den Kunden zu jeder Zeit, vor und während der Entwicklung, vor und nach dem Kaufakt.

Kreativität:
Entwickle aus bestehenden und kommenden Technologien Produkte/Leistungen mit gestiegenem neuen Kundennutzen.

Vision:
Besitze und vermittle „allgemein verständlich" den realisierbaren „Traum" des Unternehmens für morgen.

Einfachheit:
Gestalte und strukturiere alles unkompliziert.

Freie Grenzen:
Reduziere und öffne Bereichsgrenzen und Managementhierarchien.

Information:
Teile sie mit allen – Information ist das Plankton für die Leistung aller.

Spielregeln erfolgreicher Unternehmen der 90er Jahre (Fortsetzung)

Simultan arbeiten:
Denke, entscheide und handle simultan und ganzheitlich.

Partner:
Ob strategische Allianz oder Lieferant, behandle Deinen Partner wie Dich selbst und starte gemeinsam, so früh es geht.

Geschwindigkeit, Qualität, Kosten, Resultat:
Als simultane Zielelemente zur Spitzenleistung für den Kunden muß sie jeder Mitarbeiter in Kopf und Bauch tragen.

Neues Selbstbewußtsein der Mitarbeiter:
Ermächtige die Leistungsträger auf allen Ebenen – der Mensch ist und bleibt die wichtigste Ressource.

Einige Spielregeln sind wahrscheinlich „alt" und haben fast den Charakter von Geboten, die wir seit Geburt angehalten sind zu befolgen – mit mehr oder weniger gutem Gewissen und Erfolg. In der Wirtschaft bedeuten ihre Erfüllung bzw. Nichterfüllung Bestehen oder Vergehen von Unternehmen, insbesondere im vor uns stehenden globalen Wettbewerbskampf ohne Verstecken.

Der notwendige Wandel von Unternehmen und seinen Mitarbeitern läßt sich in diesem Zusammenhang sehr klar beschreiben: die Unternehmensträger und -führer verändern im weiten Rahmen der Unternehmenskulturen ihre bestehende Einstellung hin zu einem neuen Verhalten nach diesen Spielregeln – im Herzen und im Verstand. Und die meisten Mitarbeiter auf allen (hoffentlich weniger) Ebenen werden schneller folgen als erwartet.

Vom „Moderato" zum „Staccato" neuer Spitzenleistungen

Durch Benchmarking und den eigenen Wandel kann jedes Unternehmen vom schleppenden „Moderato" zum wettbewerbsfähigen „Staccato" neuer Spitzenleistungen gelangen.

Die „Moderato"-Kurve in Abbildung 8 beschreibt die zeitliche, quantitative Bereitstellung neuer Produkte/Dienstleistungen für den Kunden. Der erste Teil der Kurve wird häufig als „Lernkurve" bezeichnet – ob der Kunde das wohl versteht und verzeiht, wenn die Konkurrenz schon am Markt ist? – und sollte eher als „Versäumnis-Kurve" bezeichnet werden, denn die meisten Probleme sollten im Vorfeld der Entwicklung und Fertigung/ Produktbereitstellung gelöst sein.

Im Gegensatz dazu steht die Folge der kurzen „Staccato"-Kurven mit dem stabilen Hochfahren in der Fertigung und damit der schnellen Bereitstellung der neuen Produkte für den Kunden. Mit geringerem Aufwand durch Einsatz der besten industriellen Handlungsweisen gegenüber den bestehenden Produktionsfaktoren, Prozessen und Investitionen können so parallel die folgenden Ziele erreicht werden:

- kürzere Entwicklungszeiten,
- höhere Frequenz marktgerechter neuer Produkte,
- höhere Produktfunktionalität,
- höhere Qualität und
- niedrige Kosten.

Das „Staccato" neuer Produkte bedeutet für den Kunden und das Unternehmen:

- Steigerung von„time to market" neuer Produkte, deshalb
- Steigerung der Verkaufspreise, bei gleichzeitiger
- Steigerung des Produktions- und Verkaufsvolumens, vor allem

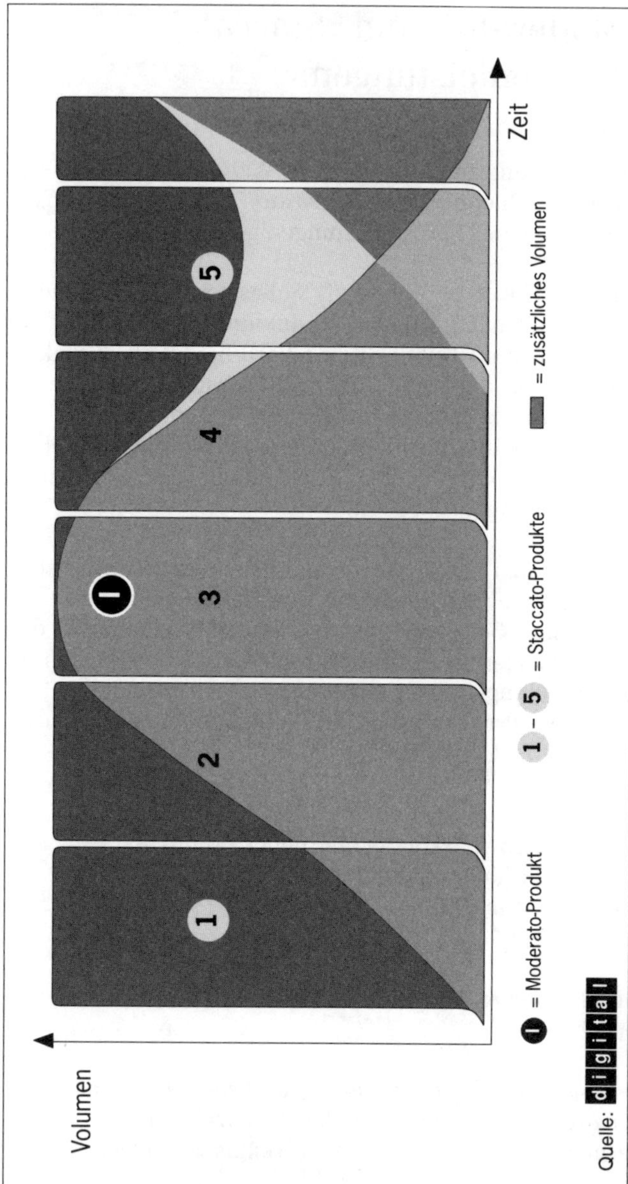

Abbildung 8: Vom „Moderato" zum „Staccato" neuer Produkte

- Steigerung der Kundenbegeisterung und
- Steigerung der eigenen Wettbewerbsfähigkeit.

Somit wird das „Staccato" neuer Produkte die echte Spitzenleistung, die das dauerhafte Bestehen des Unternehmens ermöglicht.

Zur Spitzenleistung aus eigener Kraft:
Intelligent und kreativ aus der Praxis lernen und im eigenen Wandel umsetzen.

Total Quality – Erfolg mit Prozeßmanagement

Manfred Döcke

Die Elida Gibbs GmbH gehört seit 1929 zu Unilever und ist operierendes Unternehmen für Körperpflege in Deutschland mit Sitz in Hamburg und Werken in Berlin und Buxtehude. Nach erfolgreichem Wachstum in den vorhergehenden Jahren stand die Elida Gibbs in 1988 vor der Entscheidung und Durchsetzung eines neuen Unternehmenskonzeptes. Dieses neue Unternehmenskonzept in der Form von „Total Quality Management" (TQM) war durch die zuständige Unilever-Koordination in London empfohlen worden. Die Empfehlung ließ jedoch weitgehenden Freiraum für eine eigenständige Einführungsstrategie zu.

Elida Gibbs konnte sich bei Einführung von TQM auf eine wirtschaftlich gesunde Unternehmenssituation stützen. Die Frage war, ob diese Stärke weit in die Zukunft reichte.

Die mit Hilfe von Arthur D. Little, Wiesbaden, durchgeführte Unternehmensanalyse, bei der u.a. 10 % der Mitarbeiter befragt wurden, zeigte dann auch Merkmale auf, die im Sinne eines idealtypischen TQM-Konzeptes als Schwächen des Unternehmens in der Zukunft wirksam werden konnten.

Als Tochter eines Konzerns kommunizierte Elida Gibbs nicht sehr stark als Unternehmenseinheit, wie dies für ein konzernfreies Unternehmen gleicher Größe typisch ist. Nach außen stand eine konsequent auf einzelne Marken wie Signal, CD, Axe usw. bezogene Information und Werbung, nach innen stand die Zugehörigkeit zum Konzern im Vordergrund. Ein Ergebnis wa-

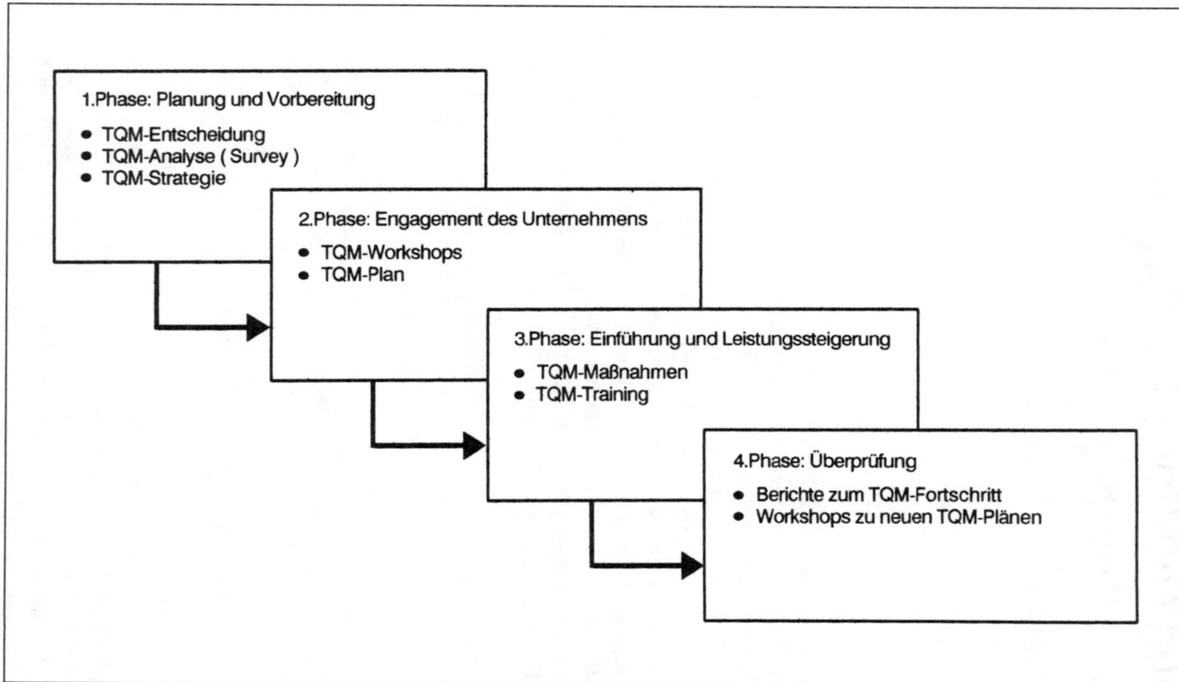

Die Einführung von TQM erfolgt in vier Phasen, die sich ständig wiederholen.

ren Identifikationsdefizite insbesondere im mittleren Management aus angeblich zu geringer Möglichkeit, an Zielsetzungs- und Entscheidungsprozessen des Unternehmens teilzunehmen.

Die Elida Gibbs war in eine Unternehmensgröße gelangt, die eine Ergänzung der gewachsenen informellen Unternehmenskultur durch systematische Organisationsformen forderte, ohne die von den Mitarbeitern positiv empfundene Tradition zu zerstören.

Folgte man dem Konzept von TQM, so mußte der Ansatzpunkt ein stärker auf Unternehmensprozesse abgestelltes Verhalten aller Mitarbeiter sein. Auch die Elida Gibbs ist nach Funktionsbereichen organisiert, deren Ziele häufig auf ein Teiloptimum in der Funktion statt auf bereichsübergreifende Gesamtoptima gerichtet sind.

Sequentielles statt paralleles Handeln im Prozeß oder Fremdkontrolle statt eigenverantwortliche Prävention waren u.a. die Ursachen hoher Qualitätskosten bzw. zu verbessernder Effizienz im Unternehmen.

TQM als Programm

Auf der Grundlage der Unternehmensanalyse wurde in 1989 ein Plan für die programmatische Einführung von TQM als verbindliches Unternehmenskonzept erarbeitet.

Als grundsätzliche Voraussetzung wurde eine offene Information gegenüber den Mitarbeitern beschlossen, zu der auch das Bekenntnis des Management zu den Grundsätzen von TQM gehörte. Vorgesehen wurde ein allgemeines Training aller Mitarbeiter in Theorie, Methoden und Anwendung von TQM. Dazu mußten das Trainingsmaterial erstellt sowie externe und interne Trainer gewonnen bzw. ausgebildet werden. Es wurden in den ersten zwei Jahren 1200 Trainingstage für alle 800 Mitar-

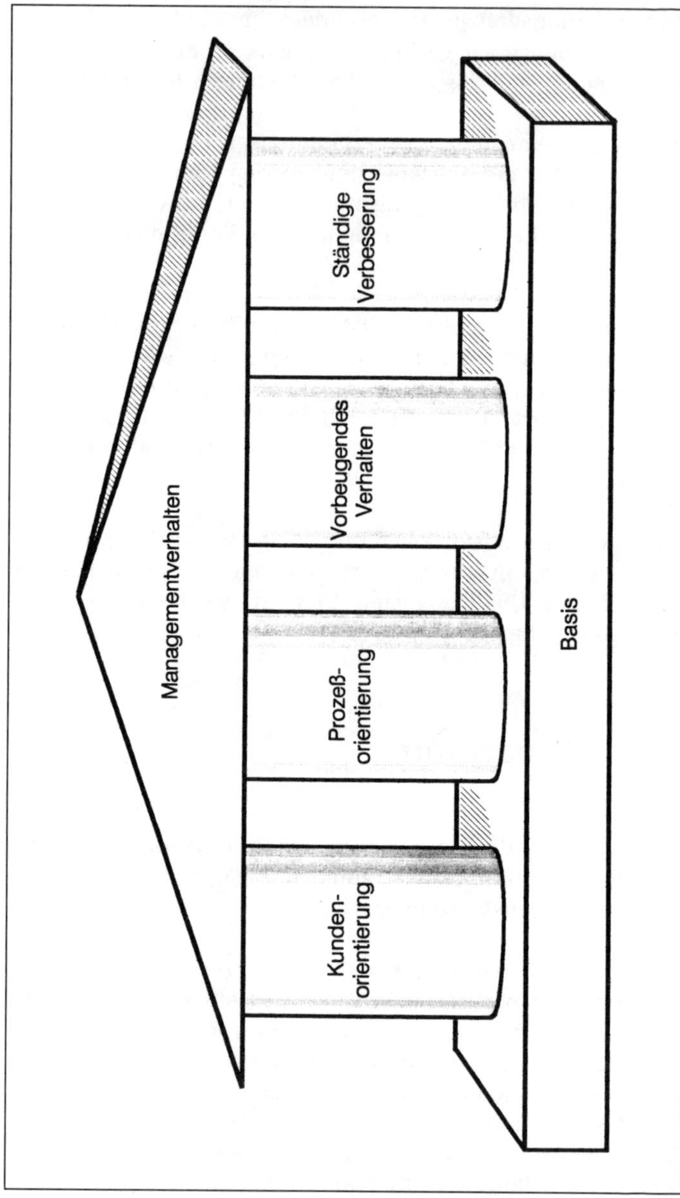

Das TQM-Konzept

beiter durchgeführt. Durch Workshops und Projektarbeit wurden Mitarbeiter bereichsübergreifend und auf allen Hierarchiestufen an der Analyse und Verbesserung der Unternehmensaktivitäten beteiligt.

Ergebnisse mit TQM

Wesentliches Ergebnis der Projektanalysen im Zusammenwirken mit dem Training war die Erkenntnis der Mitarbeiter, daß Effektivität und Effizienz der Prozesse den Erfolg des Unternehmens gestalten. Es bildete sich ein Bewußtsein, nur durch bereichsübergreifendes Handeln die Prozeßergebnisse sicherstellen zu können. Qualität einer Funktionsleistung mußte am Beitrag zum Prozeßergebnis gemessen werden; sie durfte kein Selbstzweck innerhalb der Funktion sein.

Im Vordergrund der zukünftigen Unternehmensgestaltung stehen deshalb die Unternehmensprozesse

- Planning and Decision Making,
- Supply Chain Management,
- Brand Development,
- Business Performance Controlling,
- People Management.

Auf diese fünf Prozesse läßt sich ein Markenartikelunternehmen wie Elida Gibbs im wesentlichen reduzieren. Den Managern wurde bewußt, daß ihre Tätigkeit neben der Erstellung von Funktionsbeiträgen auch deren bereichsübergreifende Koordination im Prozeß umfaßte. Notwendig war dazu, die Prozesse transparent zu machen, die notwendigen Aktivitäten und deren Abhängigkeit voneinander aufzuzeigen, die zeitliche Verknüpfung zu planen und letztlich entsprechende Organisationsformen zu schaffen. Hier soll auf die oben zuerst genannten drei Prozesse eingegangen werden, auch um bisher erreichte Ergebnisse zu zeigen.

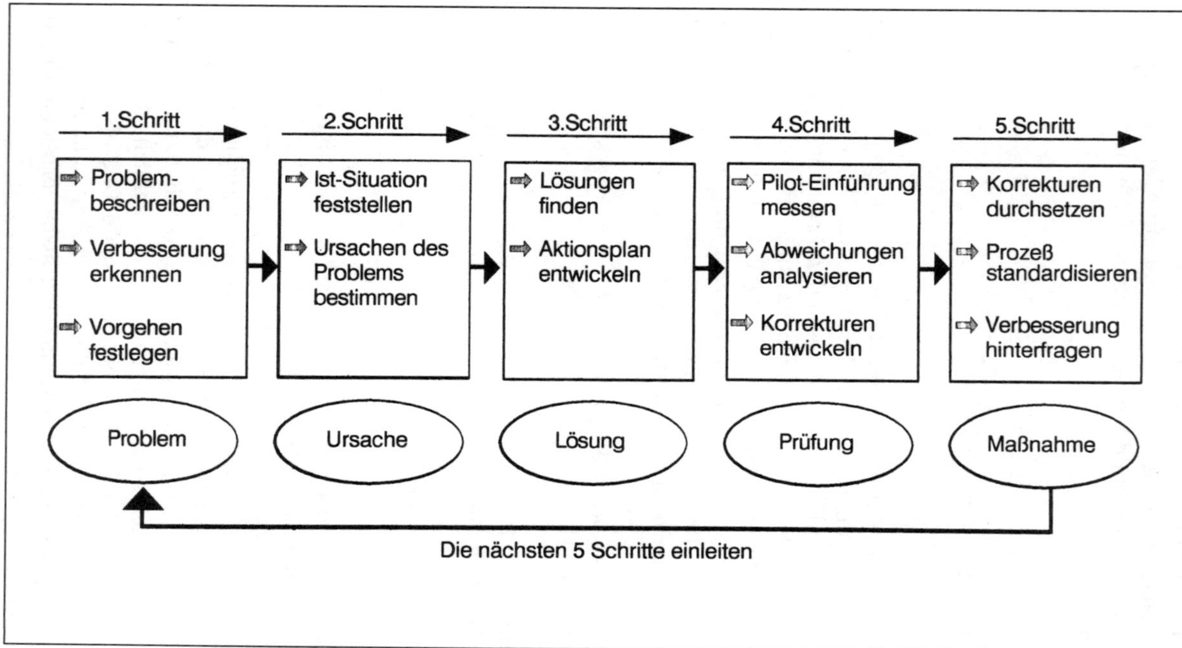

Der Erfolg von Projekten hängt vom methodischen Vorgehen ab. Eine erfolgreiche Methode ist der TQM-Pfad, der systematisch vom Problem zur Verbesserung führt.

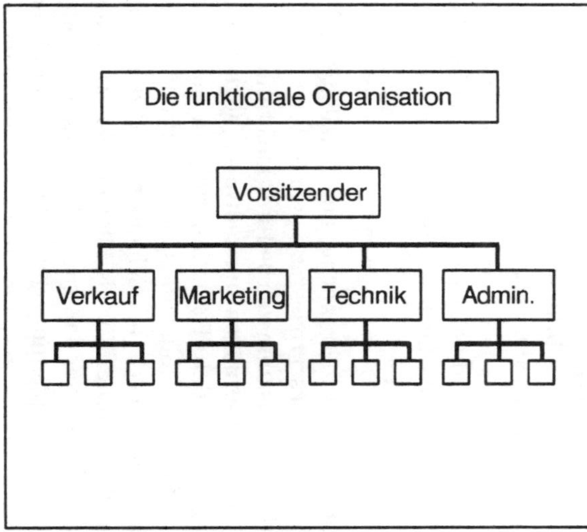

Die funktionale Organisation betont:

- Aufgabenverteilung
- Weisungsbefugnis
- Verantwortlichkeit

Die Nachteile dieser Organisation sind:

- Die gegenseitige Abhängigkeit verschiedener funktionaler Einheiten wird nicht berücksichtigt.
- Die Arbeitsabläufe in einer Organisation werden vernachlässigt.
- Die Verantwortung für den Prozeß wird vernachlässigt.

Zweck dieser Organisation ist es, funktional orientierte Verantwortlichkeit und Kontrolle hervorzuheben. Alle Fäden laufen in der Geschäftsführung zusammen.

Prozeß-Orientierung – die funktionale Organisation

Ausgehend von der Identifikation des Managements mit der Vision und Strategie der Elida Gibbs – wie sie von der Geschäftsführung in einem TQM-Projekt formuliert war – mußte der Bedarf an Verbesserung im Prozeß und deren Voraussetzungen von bereichsübergeifend zusammengesetzten Projektteams selbst erarbeitet werden. Als Leitlinien dienten Briefings, deren „Vision of Success“ als langfristiges Ziel führender Teil war.

Die Projektteams bedienten sich bei der Projektarbeit formalisierter Methoden, um möglichst weitgehende Problem- und Ursachenanalysen den Verbesserungsvorschlägen vorangehen zu lassen. Damit sollten schnelle ad-hoc-Lösungen vermieden werden. Wichtig war, die praktische Umsetzung der Verbesserungsvorschläge im Zusammenwirken von Geschäftsführung, Funktionsmanagern und Projektteams zu planen und durchzusetzen. Weder durfte es eine parallele Organsation geben noch dadurch Animositäten aufkommen.

Mit Hilfe von TQM konnte der für die Jahresplanung notwendige Prozeß um 30 % in der Zeit verkürzt werden. Dies gelang durch Schaffung bereichsübergreifender Institutionen, die ein ständiges Hin und Her der abzustimmenden Plandaten vermieden. Gleichzeitig wurde durch die verbesserte Beteiligung des Mittelmanagements ein höherer Grad an Identifikation mit dem Planungsergebnis geschaffen, so daß der Plan ein größeres Maß an persönlicher Verbindlichkeit auch auf unteren Hierarchieebenen gewann.

Projektarbeit an der Supply Chain machte den Beteiligten sehr schnell die Komplexität dieses Prozesses bewußt. Wichtig war die Erkenntnis, daß ohne Zusammenarbeit mit Lieferanten und Kunden notwendige Verbesserungen nur teilweise möglich waren. Wesentlich war auch, daß Teiloptimierung in einzelnen Funktionen (Working Capital; Kapazitätsplanung; Produktionseffizienz; Losgrößen) nur durch bereichsübergreifendes Handeln vermieden werden konnte. Ein als Pilot-Projekt erarbeitetes Just-in-Time-Konzept zeigte, daß ca. 20 % Working Capital eingespart, die Produktionsplanung von hektischen Sprüngen befreit und die Qualität besser gesichert werden konnte, wobei den Anforderungen der Kunden unverändert entsprochen wurde. Als Teil des Supply Chain kann auch die Mediaplanung gesehen werden, die eine wesentliche Aufgabe in der Kommunikation mit den Kunden erfüllt. Durch prozeßorientiertes Handeln, das heißt zeitliche Abstimmung auf die Warenversorgung zum Kunden, zielgruppenadäquate Planung der Medien und Ausgaben sowie durch Ausbildung der Mitarbeiter und verbindliche Entscheidungskriterien wurde die Effizienz der Media-Ausgaben merklich verbessert.

Schwieriger gestaltete sich die TQM-Arbeit am Brand-Development-Prozeß. Allgemein anerkannten Forderungen nach höherer Innovation bei gleichzeitig reduziertem Zeit- und Ressourcenaufwand stand praktisch das Problem manchmal nicht eindeutiger Zielvorgaben, zeitweise geringer Disziplin in den Abläufen und sequentielles Handeln gegenüber.

Gelöst werden kann dieses Problem nur durch paralleles Handeln im Vertrauen auf gemeinsame Ziele und Vorgaben innerhalb eines für alle transparenten Prozesses von Aktivitäten und notwendigen Entscheidungen. Erste Ergebnisse zeigen um circa 25 Prozent reduzierte Entwicklungszeiten auf. Weitere Verbesserungen sind jedoch unumgänglich.

Erfahrungen mit TQM

Unsere positive Erfahrung in der Elida Gibbs mit TQM läßt folgende grundsätzliche Erkenntnisse zu:

- Die Einführung von TQM ist ein ständiger Prozeß, der niemals endet und immer wieder Anstöße durch Erfolg und Anerkennung braucht.

- Einstellung und Verhalten von Menschen zu ändern, bedeutet ein langfristiges Vorhaben. TQM kann man nicht anordnen, sondern nur vorleben. Die Einführung wird wesentlich

Eine prozeß-orientierte Organisation muß den Anforderungen der Prozesse entsprechen. Diese Anforderungen ergeben sich aus:

- kunden-orientierten Prozeß-Zielen
- gegenseitiger Abhängigkeit der Aktivitäten
- bereichsübergreifender Aufgabenstellung
- notwendigem Bedarf an externem Wissen.

Ziel dieser Organisation ist ein Gesamt-Optimum im gesamten Prozeß und nicht die Summe von Teil-Optima in den einzelnen Funktionen.

Prozeß-orientierte Organisation

gestützt durch einen Prozeß von „learning by training and doing".

- Voraussetzung für praktisches TQM ist ein verbindliches Eintreten des Management für die TQM-Prinzipien in jeder Beziehung.

- Visionäre Ziele sind wichtig, um den Einführungsprozeß nicht abbrechen zu lassen. Erfolgreiche kleine Schritte (benchmarking) sind notwendig, um konkrete Aufgaben abzuleiten und Motivationsgrundlagen zu schaffen.

- Der Aufwand der Mitarbeiter und des Unternehmens für eine Realisierung von TQM ist groß.

- Die Mitarbeiter können nur auf freiwilliger Grundlage für TQM gewonnen werden und müssen die Ziele auch als persönliche Perspektive erkennen können.

Umweltschutzmanagement im Unternehmen

Werner P. Meier

Erfolgreiches Industrie-Management der naturwissenschaftlichen, gesellschaftlichen und politischen Herausforderungen, die sich mit dem Begriff „Umweltschutz" verbinden, erfordert programmatische und strukturelle Vorgaben. Am Beispiel eines Unternehmens der Konsumgüterindustrie werden die bislang erreichten Schritte auf dem Wege zu erfolgreichem „Umweltschutzmanagement" vorgestellt.

Viele der formulierten Richtlinien und Ziele werden dabei als „lebende" Dokumente zu verstehen sein – trotz der Intensität der Umweltschutzdiskussion in Gesellschaft und Politik befinden wir uns erst am Anfang eines Prozesses, entsprechend muß auch die Ausgestaltung unternehmerischer Umweltorientierung stets aufs neue überprüft werden. Innerhalb dieser notwendigen Flexibilität hinsichtlich der Beantwortung ökologischer Herausforderungen sollte allerdings die grundsätzliche Strategie kaum zur Disposition stehen. Um den früheren Professor an der ebs, Ulrich Steger, zu zitieren, gibt es grundsätzlich vier strategische Möglichkeiten, sich komplexen Anforderungen gegenüber zu stellen:

Indifferenz:
Ein Unternehmen wird dem Umweltschutz keine strategische Wichtigkeit zuordnen, und ökologische Verbesserungen werden vorwiegend durch Kostenüberlegungen beeinflußt.

Defensivität:
Im Vordergrund dieses strategischen Ansatzes steht die Befolgung gesetzlicher Normen; da diese jedoch zumeist nur den Stand der Technik beschreiben, wird das Handeln vorwiegend durch Reagieren bestimmt – proaktives Denken und Innovationen spielen nur untergeordnete Rollen. Allerdings – was sich zunächst als „low risk" und Kostenersparnis darstellt, entpuppt sich mittel- und langfristig häufig als teurere Option.

Offensives Verhalten:
Das Ziel dieser Unternehmungen ist es, über Marktnischen gezielt den „grünen" Verbraucher anzusprechen – ohne allerdings grundlegende Antworten auf ökologische Herausforderungen zu suchen; Einzelaktionen prägen das strategische Verhalten.

Innovation:
Antworten auf die naturwissenschaftlichen und gesellschaftlichen Herausforderungen werden mit neuen Mitteln gesucht und der Umweltschutzgedanke wird in Unternehmensziele integriert. Auch wenn mit Risiken hinsichtlich hoher Forschungs- und Entwicklungskosten sowie Marktunsicherheiten verbunden, werden diese Unternehmen grundsätzliche Änderungen ihrer Produkte und Produktionsprozesse nicht scheuen. Gepaart ist dieses innovative Verhalten sehr häufig mit einem Focus auf Markt- und Verbraucherbedürfnisse: nicht das Produkt, sondern eine spezielle Bedürfnisbefriedigung stehen im Mittelpunkt der Entwicklungsbemühungen.

Procter & Gamble (P&G) hat sich der Strategie der Integration des Umweltthemas und der Innovation verschrieben. Steger vermutet eine hohe Korrelation zwischen dem Grad der Innovationsfreudigkeit in einem Unternehmen und der Management-Performance: „Die Integration ökologischer Herausforderungen in eine Firmenstrategie erfordert Hochleistungsorganisationen, um mit den zunehmend komplexeren Problemen umgehen zu können".

Für P&G bedeutet dies zuerst, daß Umweltqualität und ihre kontinuierliche Verbesserung in Produkten und Prozessen einem *Verbraucherbedürfnis* entspricht. Im Zusammenhang mit P&G's „Statement of Purpose" wird die Bedeutung dieser Erkenntnis offenkundig: „We will provide products of superior quality and value that best fill the needs of the world's consumers".

Gleichbedeutend hiermit ist aber auch, daß effizientes Umweltschutzmanagement – trotz aller Notwendigkeiten, in Teilbereichen industrieweite Lösungen suchen zu müssen – ein erhebliches *Wettbewerbselement* beinhaltet. Es steht außer Frage, daß daher der tägliche Kampf um die Gunst des Verbrauchers ein wesentlicher Motor für die Entwicklung auch in ihrer Umweltqualität optimierter Produkte ist.

Anhand von 8 Thesen kann die Umsetzung der komplexen Herausforderung „Umweltschutz" in erfolgreiches Umweltschutzmanagement beschrieben werden.

These 1: Voraussetzung ist glaubwürdiges Engagement der obersten Führungsebene

Gegenüber Börsenexperten formulierte vor kurzem der Vorstandsvorsitzende von P&G, Edwin L. Artzt, wie folgt: „Unsere größte globale Herausforderung ist die Umwelt. Die Art und Weise, wie wir Umweltprobleme angehen, wird P&G's Erfolg nachhaltig beeinflussen. Wir bekennen uns zu den höchsten Umweltstandards für alle unsere Produkte und Operationen auf weltweiter Ebene. Unser Grundsatz ist Proaktivität in der Reduktion von Umweltbelastungen aus unseren Produkten, und nicht abzuwarten, bis uns Probleme oder Gesetze zu Antworten zwingen".

Eine nach innen wie nach außen sichtbare Festlegung in einer derartigen Form ist die unabdingbare Voraussetzung, um eine Organisation einzuschwören – Halbherzigkeit führt zu endlosen Strategiedebatten und wenig meßbaren Fortschritten.

These 2: Unternehmensengagement muß in klaren strategischen Vorgaben und Richtlinien münden.

Die weltweit geltenden „Unternehmensrichtlinien zu Umweltqualität" bei P&G wurdenn wie folgt formuliert:

- „Unsere Produkte, Verpackungen und Betriebsstätten müssen für Mitarbeiter, Verbraucher und die Umwelt unschädlich sein.

- Umweltbelastungen, die aus der Herstellung, Verwendung oder Entsorgung von Produkten und Verpackungen resultieren, sind zu verhindern oder in größtmöglichem Umfang zu verringern.

- Anforderungen, die durch die Umweltgesetzgebung gestellt werden, sind zu erfüllen oder zu übertreffen. Umweltgerechtes Verhalten wird demnach auch dann gefordert, wenn gesetzliche Regelungen fehlen. In Kooperation mit Fachbehörden und der Wissenschaft werden Umweltbelastungen analysiert und auf wissenschaftlichen Erkenntnissen beruhende Lösungen und Normen entwickelt.

- Im Unternehmen angewandte Umwelttechnologien und Programme werden bewertet und auf ihre Fortentwicklung hin überprüft. Dies erfolgt durch Orientierung am jeweils gültigen Stand der Technik, und mit dem Instrument der Ökobilanzierung für Rohmaterialien, Prozesse und Produkte. Hierbei wird der gesamte Lebensweg vom Rohstoff über das Produkt bis hin zur Entsorgung analysiert und bewertet.

- Der sparsame Einsatz von Energie und Rohstoffen in allen Unternehmensbereichen wird unterstützt. Wir ermutigen und fördern Maßnahmen zur Wiederverwendung, zum Recycling und zur Kompostierung durch aktive Beteiligung.

- Erfahrungen und erlangtes Wissen im Bereich der Umwelttechnologie werden kommuniziert. Wir bieten unsere Unterstützung anderen an, die in der Lage sind, zu Fortschritten bei der Erreichung von Umweltschutzmaßnahmen beizutragen. Umweltinformationen über unsere Produkte, Verpackungen und betriebliche Tätigkeiten werden an Verbraucher, Handel, Kommunen, Mitarbeiter und andere Interessensgruppen weitergegeben."

These 3: Die Umsetzung in kurz-, mittel- und langfristige Unternehmensaktivitäten verlangt eine dynamische Organisationsstruktur.

Hierzu zählt weniger das Schaffen neuer Verantwortungsbereiche im Unternehmen – obwohl dies zur Konzentration spezieller Expertise und als Assessment Center nützlich sein kann – sondern vor allem die Einbindung von ökologischer Verantwortung in die Linienaufgaben. Die Akzeptanz, daß Umweltqualität ein wesentliches Bedürfnis von Kunden und Verbrauchern ist, erleichtert selbstverständlich auch die Linienverantwortung in diesem Bereich. Für Tom Peters, einen der Autoren von „In Search of Excellence", ist eine Organisationsstruktur, die die Umweltqualität als Linienverantwortung betrachtet, genauso essentiell für zukünftigen Erfolg wie überdurchschnittliches Management oder wie die häufig beschriebene „lean production".

These 4: Basis des Tuns müssen wissenschaftliche Erkenntnisse sein.

Diese Forderung ist vielleicht die schwierigste: das Verständnis über ökologische Zusammenhänge und komplexe vernetzte Systeme befindet sich in einem ständigen Fluß, wobei häufig scheinbar gesicherte Erkenntnisse plötzlich in neuem Licht gesehen werden, naturwissenschaftliche Risikobewertungen durch subjektive Risikoeinschätzungen überlagert sind, und dem wissenschaftlichen Fortschritt nicht selten ein großes Maß an Mißtrauen entgegengebracht werden. Trotzdem – gerade dieses stetige Bemühen um wissenschaftlichen Fortschritt und seine innovative Umsetzung in neue Produkte und Verfahren ist der mittel- und langfristig einzig verläßliche und erfolgversprechende Weg.

Zur „Wissenschaft als Basis" gehört auch die Einigung über die richtigen Werkzeuge der Umsetzung wissenschaftlicher Erkenntnisse in konkrete Produkt- und Verfahrensmaßnahmen. Ein Zauberwort ist hierbei der Begriff der „Ökobilanzen". Weder sollte die Begriffsvielfalt (Life-Cycle-Assessment, Produktlinienanalyse, ...) noch die im Fluß befindliche wissenschaftliche Methodendiskussion davon abhalten, den grundsätzlich richtigen ökologischen Ansatz umfänglicher und holistischer Betrachtungen von Umweltproblemen, der mit Ökobilanzen einhergeht, in der Produktforschung zu würdigen, und zur Prioritätenfestlegung heranzuziehen..

These 5: Man macht nur in denjenigen Bereichen Fortschritte, die man auch messen kann.

Das Umsetzen qualitativer Ziele zur Verbesserung der Umwelteigenschaften von Produkten und Verfahren in konkrete quantitative „Meßlatten" ist die Voraussetzung für Erfolgskontrolle. Die Prioritätenfestsetzung sollte sich dabei auf das Instrument der Ökobilanzierung beziehen, mit einer quantitativen Ausgestaltung, die weitreichender Ansporn und realistisch zugleich ist. Typische Parameter sind zum Beispiel die anwendungsspezifische Energiemenge, flüssige, feste und gasförmige Abfälle ...

These 6: Enge Einbeziehung aller Mitarbeiter in die gemeinsamen Ziele ist essentiell.

Klare, überzeugende und wiederkehrende Information über die Ziele, über Erreichtes, aber auch über Schwierigkeiten der Umsetzung ist ebenso selbstverständlich wie die Aufforderung aller Mitarbeiter zu eigenständigen Ideen und Beiträgen.

Einer der Vorteile ist die Erleichterung interner Abstimmungsprozesse. Aber für viele Unternehmen wird auch die Multiplikatorwirkung, die eigene Mitarbeiter im gesellschaftlichen Meinungsbildungsprozeß haben, ein gewünschter Nebeneffekt in der Öffentlichkeitsarbeit sein.

These 7: Offene und sachliche Information ist die Grundlage für Glaubwürdigkeit.

Einigkeit besteht sicherlich darüber, daß ein Umweltprogramm und gutes Umweltschutzmanagement nur so viel wert sind, wie ihm auch konkrete Taten folgen. Aber supplementär notwendig ist auch die offene Information all der „Constituencies" eines Unternehmens: gegenüber seinen Kunden, den Lieferanten, den Behörden, den angrenzenden Kommunen, der interessierten Öffentlichkeit ...

Es soll hier nicht nur der klassischen PR „Tue Gutes und sprich darüber" das Wort geredet werden, sondern auch der Notwendigkeit einer sachlichen Aufklärung über Schwierigkeiten, über divergierende Ziele zwischen Naturwissenschaft und gesellschaftlichen Ansprüchen.

Im Sinne des Satzes „Vertrauen kann man nicht erwerben, Vertrauen muß man verdienen" sollte eine proaktive und mutige Informationspolitik angestrebt werden. Die Suche nach „Konsensinseln" im pluralistischen Meinungsspektrum gerade zu den häufig emotionsgeladenen Umweltschutzfragen ist nicht einfach, aber sie ist Voraussetzung für ein Unternehmen, das auf Innovation und neue Wege in seinen Produkten und Verfahren bauen will.

These 8: Umweltschutzmanagement muß „Seele" haben.

Der oben erwähnte Mitautor von „In Search of Excellence", Tom Peters, hat dies so ausgedrückt: in zunehmendem Maße werden nicht nur finanzielle Belohnungen ein wichtiger Schlüssel bei der Motivation von Unternehmen sein, sich fortschrittlichem Umweltschutzmanagement anzunehmen. Er formuliert, daß der

Umweltbereich ein Beispiel „par excellence" dafür sei, wie finanzielle Reize mit der nicht-monetären Motivation einhergehen können. Gedacht sei hierbei nur an Aspekte wie die Identifikation der eigenen Mitarbeiter mit dem Unternehmen, die Anziehungskraft für junge und kritische Mitarbeiter, und der weite Bereich der „Corporate Culture" mit all ihren positiven Elementen für ein Unternehmen. Zweifellos ist eine Unternehmens-Philosophie à la „Umweltschutz muß Spaß machen" besser dazu angetan, im Wettbewerb die Nase vorn zu haben, als wenn ökologische Herausforderungen für ein Unternehmen ausschließlich oder vorwiegend als Bedrohungen dargestellt und empfunden werden.

Die nachfolgenden zwei Abbildungen sind der Kernpunkt des von Procter & Gamble zusammengestellten „Total Quality Environmental Management", in dem die Grundelemente von Total Quality Management mit den Erfordernissen modernen Umweltmanagements kombiniert werden.

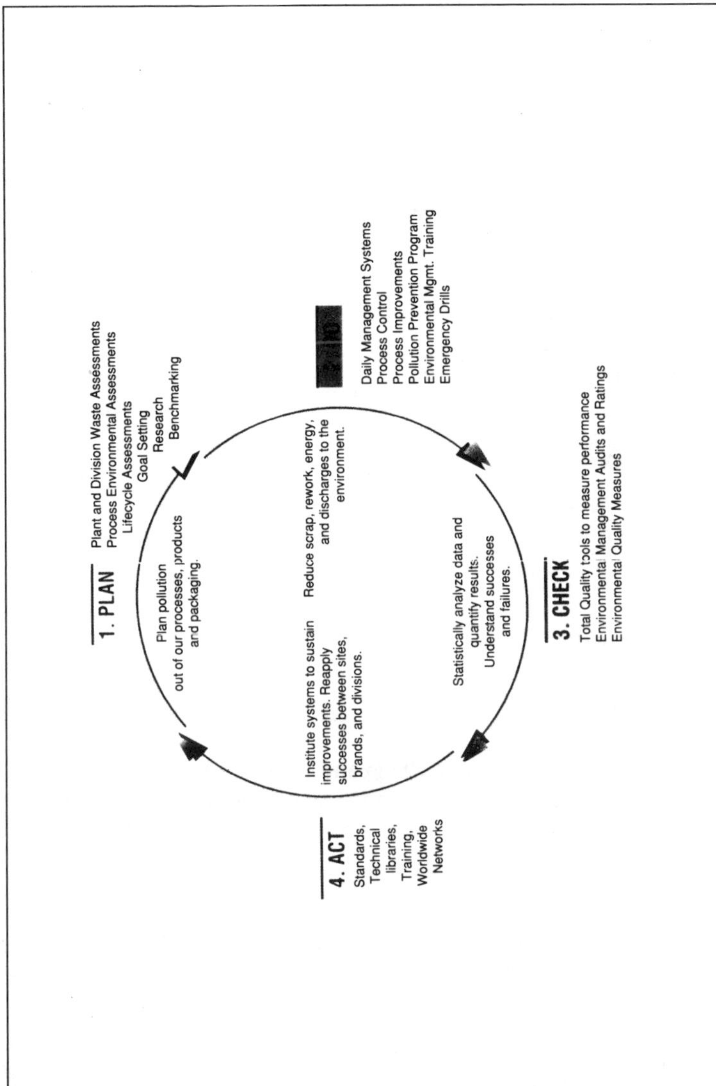

Abbildung 1: Beispielhafte Elemente des Umweltmanagements im bekannten „Continuous Improvement Cycle" des Total Quality Managements (plan, do, check, act)".

1) Plant and Division Waste Assessments

- P&G's Pollution Prevention Program tracks discharges by site and the data is analyzed by plant and division. Goal setting by business areas is an integral part of the Program.

2) Process Assessments

- New processes are assessed for environmental impact as part of their initial review and scope development.

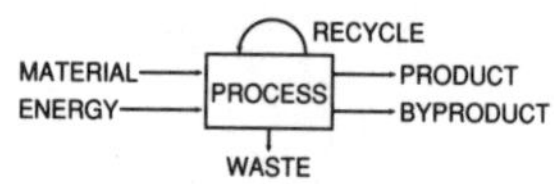

3) Lifecycle Assessments

- Lifecycle Assessments are used to understand the amount of energy and waste produced beginning with raw material extraction to final disposal of the product and its packaging. This process has been used to assess new products and processes in the soap and paper businesses. P&G is recognized as a world leader in the development of lifecycle assessment technology.

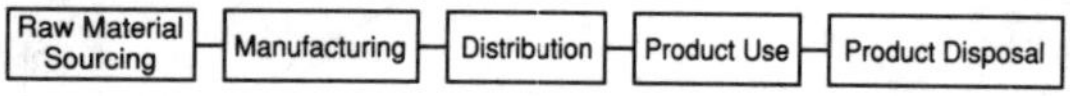

4) Research

- Our scientists and engineers study a product's biological and chemical effects in landfills, incinerators, sewage treatment plants, composting and recycling.

5) Benchmarking

- Working through GEMI and Chemical Manufacturer's Association, we benchmark our systems and programs against others in industry.

Abbildung 2: Systeme und Programme bei Procter & Gamble, die der Planung, der Zielsetzung sowie dem Monitoring der erreichten Resultate dienen."

Lean Production – neue Konzepte zur Produktivitätssteigerung

Eginhard J. Jungmann

Der globale Wettbewerb zwingt die westliche Industrie, ihre traditionellen Unternehmenskonzepte in Frage zu stellen und angesichts der fernöstlichen Herausforderung eine Neuorientierung zu finden und diese in die betriebliche Praxis umzusetzen. Wie sieht die Herausforderung aus?

Erhebungen der OECD über die Produktivität in der verarbeitenden Industrie haben ergeben, daß im Vergleich zu USA und Japan die Bundesrepublik Deutschland gegenwärtig noch über eine sehr gute Position verfügt (Abbildung 1: Produktivitätskennzahlen).

Der Produktivitätszuwachs im Zeitraum 1980 – 1990 erreichte allerdings in Japan fast das Doppelte des deutschen, in den USA war es noch das Eineinhalbfache. Diese Zahlen setzen ein deutliches Alarmzeichen.

Die japanischen Erfolge haben ihre Grundlage in der ständigen konsequenten Verbesserung der Produktionsprozesse – dafür steht das japanische Wort Kaizen. Amerikanische Wissenschaftsmanager haben dafür den griffigen Ausdruck Lean Production geprägt. Mit Lean Production wird somit die durchgängige und konsequente Umsetzung an sich bekannter Prinzipien und Verfahren zur Produktivitätssteigerung bezeichnet. Diese Prinzipien können auf alle Funktionen eines Unternehmens angewendet werden, also nicht nur auf die „Produktion" im engeren Sinne. Konzepte der Lean Production haben nicht nur zur Steigerung der Wettbewerbsfähigkeit der japanischen Automo-

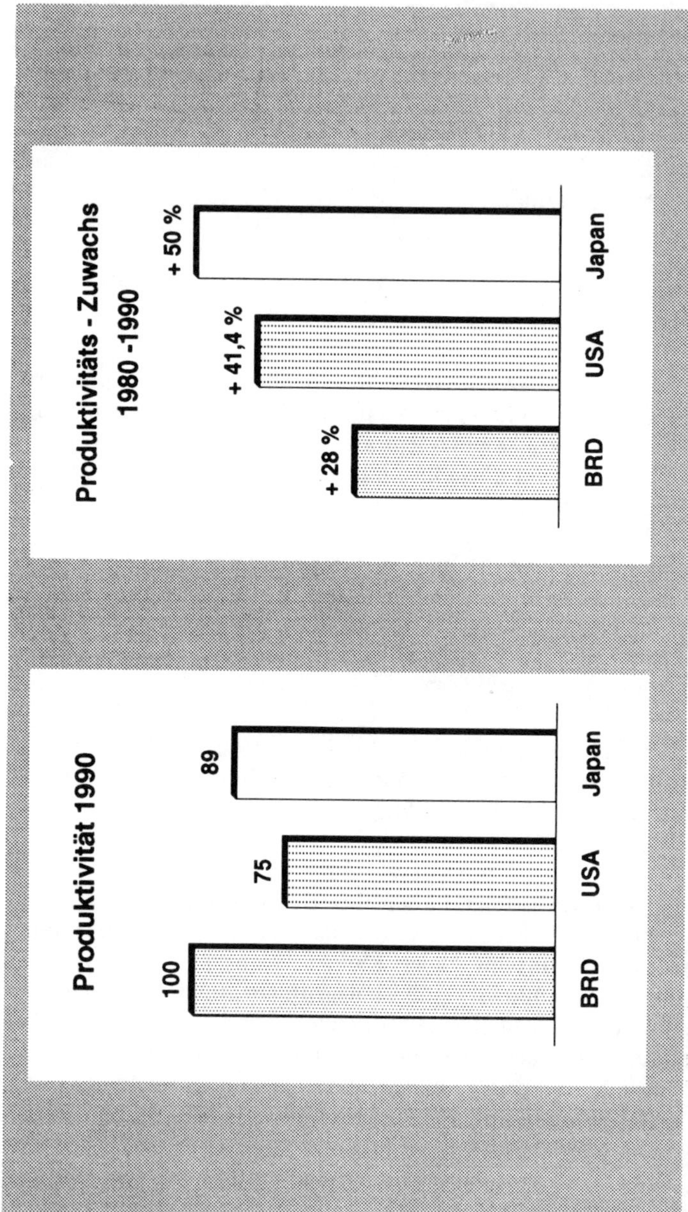

Abbildung 1: Produktivitätskennzahlen (Quelle EG, OECD)

bilindustrie geführt, sondern sind auch übertragbar auf andere Standorte und andere Arbeitsgebiete, also eine Herausforderung für die gesamte westliche Industrie.

Aufgrund der historischen und kulturellen Unterschiede zwischen den westlichen Industrienationen und Japan können nicht einfach Prinzipien, die sich dort als erfolgreich erwiesen haben, unreflektiert kopiert und übernommen werden. Die japanischen Ansätze sollten uns vielmehr anregen, unsere eigenen Grundsätze und Konzepte zu überprüfen und das Geeignete daraus in unsere Zukunftsstrategien einzubauen.

Welche Merkmale Lean Production kennzeichnen

Da die Mitarbeiter die wichtigste „Ressource" jedes Unternehmens darstellen, sucht ein „schlankes" Unternehmen die Gesamtheit ihrer intellektuellen, sozialen, handwerklichen Fähigkeiten sowie ihre Kreativität und Motivation zu nutzen. Daher sind Teamarbeit und kooperativer Führungsstil ein Merkmal schlanker Produktion.

Im gesamten Unternehmen herrscht ein Streben nach Null-Fehler-Durchläufen vor, weil alle Mitarbeiter Qualität als gemeinsames Ziel erkannt haben. Dies setzt eine neue **Fehlerbehandlungskultur** voraus, bei der die produzierenden Teams selbst die Fehlerprüfung durchführen, nicht eine kostenintensive nachgeschaltete Abteilung für Qualitätskontrolle und Nachbesserung.

Nur durch Flexibilität in der Fertigung lassen sich Kundenwünsche kurzfristig realisieren. Wir müssen daher Voraussetzungen schaffen für kleinere, wirtschaftliche Losgrößen. Wer „rechtzeitig" auf dem Markt sein will, muß die Innovation anführen, über Flexibilität in der Entwicklung verfügen. Anders als die nach rein kaufmännischen Aspekten ausgerichtete Auswahl der Zulieferer eines konventionellen Unternehmens zeichnet sich Lean Production aus durch eine langfristige partnerschaftliche Zusammenarbeit mit Lieferanten. Diese werden bereits in den Entwicklungsprozeß eingebunden.

Neue Wege der Produktivitätssteigerung – Adaption japanischer Konzepte

Produktivitätssteigerungen sind nicht nur Kostensenkungen, sondern gleichzeitig auch Verbesserungen bei Qualität und Zeit. Eine generelle Lösung gibt es nicht, jedes Geschäft ist eigenständig zu betrachten und erfordert eine maßgeschneiderte Lösung.

In der Vergangenheit waren Funktionsorientierung, Arbeitsteilung und Kostendenken als wichtigstes Steuerungs- und Kontrollprinzip stets fundamentale Bestandteile der westlichen Firmenkultur. Sie sind maßgeblich für lange Durchlaufzeiten, hohe Kosten, mittlere und dennoch teuere Qualität sowie geringe Flexibilität verantwortlich.

Die Optimierung von genannten Geschäftsprozessen soll nun in den Vordergrund treten. Ausgerichtet auf Kundennutzen, Ganzheitlichkeit, Durchgängigkeit sollen die Ebenen Organisation, Technik und Mitarbeiter zur Produktivitätssteigerung des Gesamtunternehmens beitragen.

Dazu werden von der Organisation Strukturen und Abläufe erneuert, die Technik stellt neue Technologien zur Verfügung und automatisiert die bestehende Fertigung; auf der Mitarbeiter-Ebene sind berufliche Qualifikation und Weiterbildung sowie Bereitschaft zu Kooperation und Flexibilität die entscheidende Voraussetzung zur Realisierung des integrierten Lösungsansatzes.

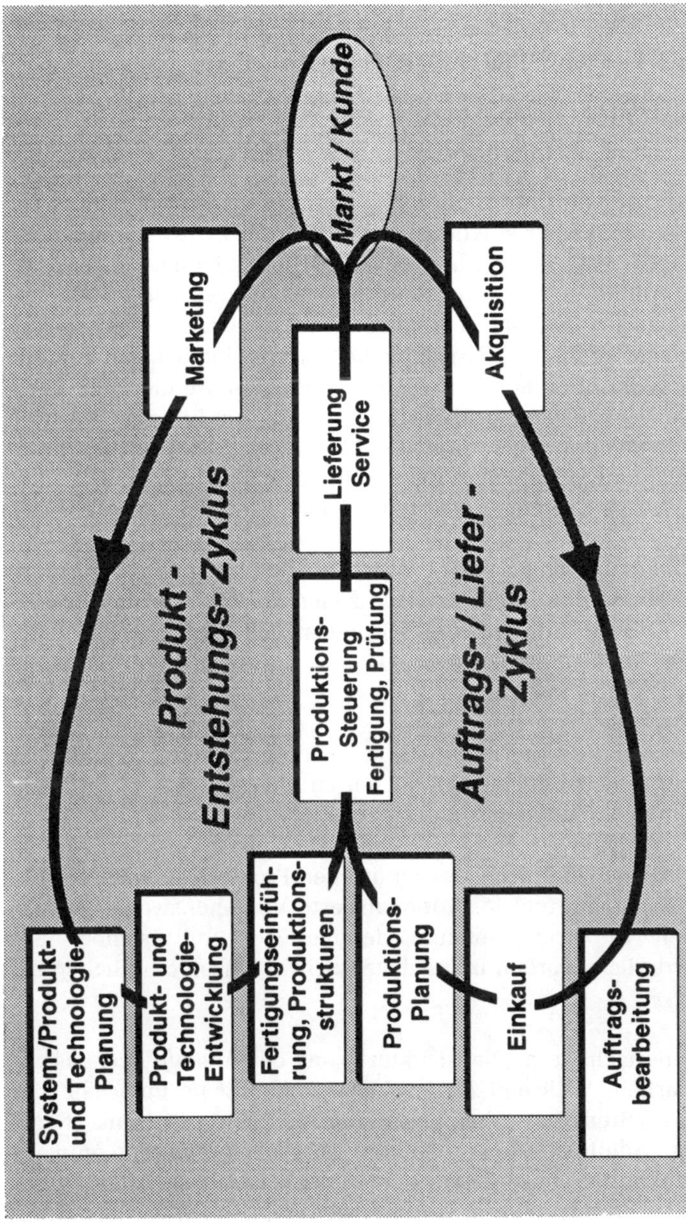

Abbildung 2: Prozeßorientierung

Wie Lean Production bei Siemens umgesetzt wird

Bereits vor der durch die MIT-Studie ausgelösten Euphorie für das „schlanke" Produktionskonzept hat der Zentralvorstand der Siemens AG unternehmensweite Produktivitäts-Steigerungsprogramme initiiert. Der Zentralvorstand erstellt die Rahmenleitsätze für das Unternehmen, er definiert die zu verfolgende Strategie und gibt die wesentlichen Zielvereinbarungen vor. Die Neuorganisation des Jahres 1989 ist kundenorientiert: Die komplexe Verantwortung über die Fertigung bis hin zum Vertrieb wurde den jeweiligen Einheiten übertragen. Dazu wurden Kommunikation, Erfahrungsaustausch und Zusammenarbeit über bestehende Gremien institutionalisiert.

Produktivitätssteigerungs-Programme umfassen alle Wertschöpfungsstufen des Geschäftes und zielen auf die zugrunde liegenden Abläufe und Prozesse. Grundsätzlich sind Produktentstehungs- und Auftrags-/Lieferzyklus zu unterscheiden (Abbildung 2: Prozeßorientierung).

Da es Ziel des Unternehmens ist, unseren Kunden Produkte und Leistungen von höchstem Nutzen zu bieten, müssen alle beteiligten Stellen kundenorientiert arbeiten.

Für die ganzheitliche Gestaltung der Prozesse werden Methoden-Bausteine und institutionalisierte Vorgehensweisen bereitgestellt. Die Strategieplanung definiert Ziele und Visionen. Falls erforderlich, werden im nächsten Schritt einzelne Einheiten saniert.

Kernbereich ist die Neustrukturierung der Abläufe und Zusammenarbeit. Während im Ist-Zustand die Ebene unterhalb der Firmenleitung aus den getrennten Einheiten Technik, Fertigung, Administration aufgebaut ist, sollen künftig komplexe Produktlinien diese Unternehmensstufe besetzen. Analog dazu soll der gestern und im wesentlichen heute noch vorherrschende hierarchische Ablauf, bei dem Technik plus Administration die Fertigung dominieren, durch komplexe Produktlinien abgelöst werden, die als Dienstleister fungieren und in diesem Verständnis zusammenarbeiten. Entscheidende Vorteile der Neustrukturierung sind eine flache Hierarchie und damit eine bessere Kommunikation, kürzere Entscheidungswege, zusammengelegte Funktionen sowie die Delegierung von Verantwortung auf ursprünglich niedrigere hierarchische Ebenen. Jeder Mitarbeiter ist dann verantwortlich für das Ergebnis seiner Arbeit und muß nach unternehmerischen Gesichtspunkten entscheiden. Diese personifizierte Ergebnisverantwortung führt daneben zu hoher Kostentransparenz und bietet so die Möglichkeit, Ressourcen dort einzusparen, wo sie bisher vielleicht verschwendet wurden.

Der Leitfaden zur Prozeßoptimierung gliedert sich in die Abschnitte Ablauf- und Prozeßdarstellung, Meßgrößenbestimmung und Zielvorgabe; Offenlegen, Bewerten und Beseitigen von Barrieren. Dabei sind die drei Grundmuster Sach-, Prozeß- und kulturelle Hindernisse zu unterscheiden (Abbildung 3: Beseitigung von Barrieren).

Jede einzelne Barriere erfordert eine spezifische Lösung. Kulturelle Schranken lassen sich ausschließlich mit Hilfe des Top-Managements durchbrechen; für Prozeßhindernisse sind Prozeßexperten nötig, Sachbarrieren können gewöhnlich durch Fachspezialisten ausgeschaltet werden. Die produktivitätsfeindlichen Hindernisse werden innerhalb der Prozeßoptimierung unterschiedlich gewichtet: am schwierigsten zu überwinden sind trotz ihrer geringen Anzahl die kulturellen Barrieren, am einfachsten gestaltet sich dagegen die Ausschaltung der häufig auftretenden Sachbarrieren. Prozeßbarrieren nehmen nach Häufigkeit/benötigtem Lösungsaufwand eine Mittelstellung ein.

Als eine entscheidende Neuerung folgt nach Strategieplanung, Sanierung, Strukturanpassung und Prozeßoptimierung der kontinuierliche Verbesserungsprozeß, der konsequent alle Mitarbeiter einbezieht und über die Summe zahlreicher kleiner Schritte letztendlich zur Perfektion führt.

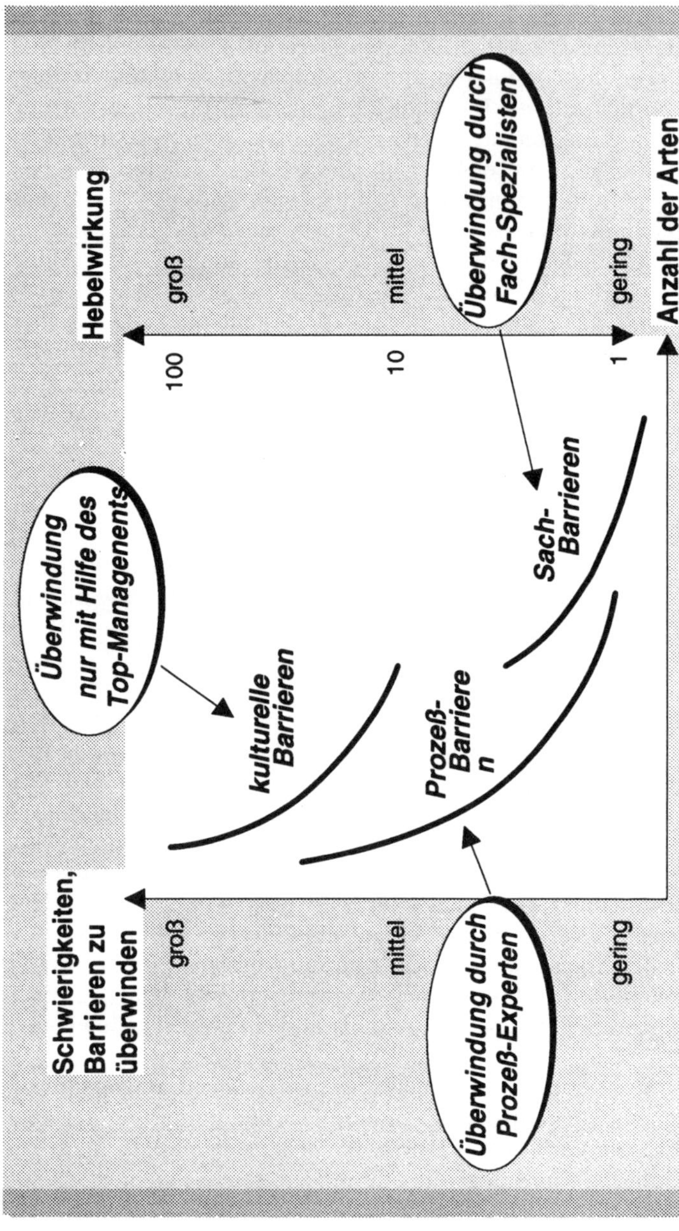

Abbildung 3: Beseitigung von Barrieren

Führungsstil bei Lean Production

Für die integrierte Gestaltung der Prozesse werden Methoden-Bausteine und optimale Vorgehensweisen bereitgestellt. Während in der Vergangenheit ein Hauptgewicht auf dem Bereich Technik lag, sollen künftig die Mitarbeiter auf allen Hierarchieebenen an der Analyse und Optimierung beteiligt werden. Dies wird ermöglicht durch intensive Einschaltung der unternehmenseigenen Berater sowie durch Workshops und entsprechende ganzheitliche Projekte. Ziel ist die Befähigung und Motivierung der Mitarbeiter zur Selbststeuerung der Prozesse.

Gefördert wird die Neuausrichtung durch einen Führungsstil, der die funktionsübergreifende interdisziplinäre Zusammenarbeit praktiziert bzw. fördert und frühzeitiges Austragen von Konflikten begünstigt. In strittigen Fragen soll anstelle eines Kompromisses ein Konsens gefunden werden, der alle Beteiligten zufriedenstellt. Das setzt voraus, daß die mit Personalführung betrauten Mitarbeiter bereit sind, primär Kompetenzen zu delegieren und Teamarbeit zu koordinieren.

Ein anderer wichtiger Aspekt der Mitarbeiterführung ist eine neuartige Quantifizierung und Visualisierung von Zielen. Während westliche Unternehmen traditionell ihre Ergebnisse durch Größen wie Umsatz oder Kosten ausdrücken, quantifizieren japanische Betriebe nach Kennzahlen für Produktivität und Qualität.

Da Hintergrundwissen die Akzeptanz auch unbequemer Entscheidungen erleichtert, müssen alle Mitarbeiter regelmäßig über die aktuelle Unternehmenssituation, über Kundenwünsche, Produktionsbedingungen etc. informiert werden. Der Informationsfluß darf nicht nur in eine Richtung funktionieren; statt dessen muß ein interdisziplinärer Informationsaustausch erfolgen und Entscheidungserfordernisse müssen auf allen Ebenen nachvollziehbar sein. Auch die Förderung eines kontinuierlichen Verbesserungsprozesses gehört in den Aufgabenbereich der Mitarbeiterführung des „schlanken" Unternehmens.

Anforderungen an Mitarbeiter

Die neustrukturierten Prozesse setzten den selbständigen und unternehmerisch denkenden Mitarbeiter voraus, der auf der Werksebene weitgehend alle Steuerungs- und Ausführungsaufgaben übernehmen kann. Ebenso erfordern die verkürzten Innovationszyklen und das schnelle Umsetzen marktkonformer Erkenntnisse sowie die angestrebte hohe Produktqualität dynamische Mitarbeiter mit hoher Qualifikation.

Wegen notwendiger Qualifikationsmaßnahmen ist die Umstellung auf Lean Production allein unter diesem Aspekt ein langwieriger Prozeß. Während das japanische Bildungssystem die Vermittlung verschiedenartigster beruflicher Fähigkeiten zum Ziel hat, befähigt unsere fachliche Ausbildung in der Regel für einen spezifischen Beruf. Daher muß die Einführung des Lean-Production-Konzeptes flankiert werden von einem betriebsinternen Qualifizierungs- und Weiterbildungsangebot für die Mitarbeiter.

Das interne Lieferanten-/Kundensystem wirkt der Entfremdung vom Endkunden entgegen; diese relative Kundennähe erhöht die Dienstleistungsbereitschaft bei den Mitarbeitern.

Kooperatives Führungsverhalten, Gruppenbildungen und Teamarbeit führen zu mehr Arbeitszufriedenheit und zu besseren Leistungen. Die Arbeiter erlernen alle Jobs ihrer Arbeitsgruppe und sind somit vielseitig einsetzbar. Sie sind eigenverantwortlich für anfallende Reparaturen oder mögliche Verbesserungen ihres unmittelbaren Arbeitsumfeldes.

Die den Mitarbeitern übertragene Qualitätssicherungskompetenz fördert ihre Identifizierung mit dem gefertigten Endprodukt und führt damit zu mehr Arbeitsverständnis und letztlich zu mehr Arbeitszufriedenheit.

Daß auch „die Kasse stimmt" muß ein erfolgsabhängiges Entgeltsystem aus Individual- und Gruppenentlohnung garantieren.

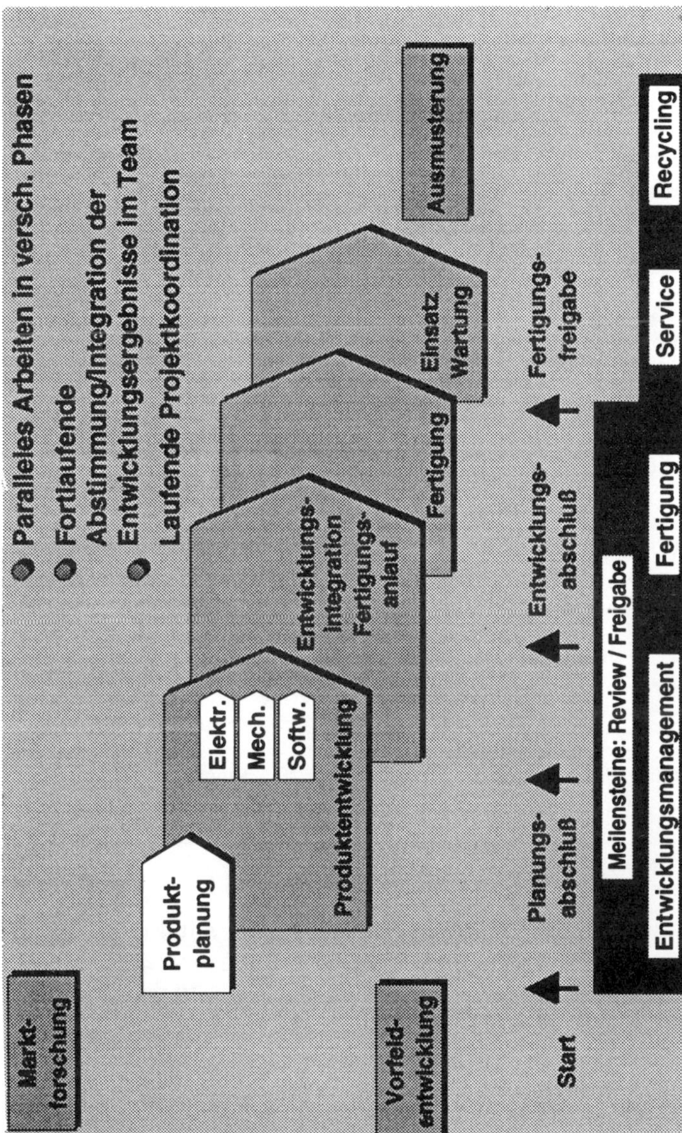

Abbildung 4: Der Lösungsansatz Concurrent Engineering

Honoriert wird auch die notwendige Bereitschaft zu flexiblen Arbeitszeitmodellen. Als Resultat wird sich die Zufriedenheit der Mitarbeiter dann auch positiv auf ihre Arbeitsleistung auswirken.

Daher schließt die Philosophie der Lean Production eine Personalarbeit ein, die alle Potentiale der Mitarbeiter fördert bzw. nutzt und sie stetig im fachlichen und sozialen Bereich durch Schulung und learning by doing weiterbildet, und zwar Fach- und Linienlaufbahn gleichwertig. Gleichzeitig muß ein Anreizsystem geschaffen werden für Gruppenarbeit und für die Ausarbeitung von Verbesserungsvorschlägen.

Für die Akzeptanz der neuen Leitlinien ist eine Selbstverpflichtung des Managements zur Sicherung bestehender Arbeitsplätze evident.

Verschiebung innerhalb der Beschäftigungsstruktur

Folge des neuen Konzeptes ist eine Verschiebung innerhalb der Beschäftigungsstruktur. Am Beispiel der Siemens AG läßt sich diese Umstrukturierung demonstrieren: Die Gesamtzahl der Beschäftigten nahm zwischen 1970 und 1991 von 200 500 auf 183 400 ab.

Während im Jahr 1970 angelernte Arbeiter mit 40% den größten Anteil ausmachten, gehören 1991 nur noch 24% in diese Stufe. Ebenso hat der Anteil der Facharbeiter an der Gesamtbeschäftigungszahl von 23% auf 20% abgenommen.

Dagegen halten 1991 die in der Technik Tätigen mit 36% den Spitzenplatz, gegenüber 22% vor zwanzig Jahren. Von 15% auf 20% stieg im Vergleichszeitraum der Anteil der kaufmännisch Tätigen innerhalb der Gesamtstruktur.

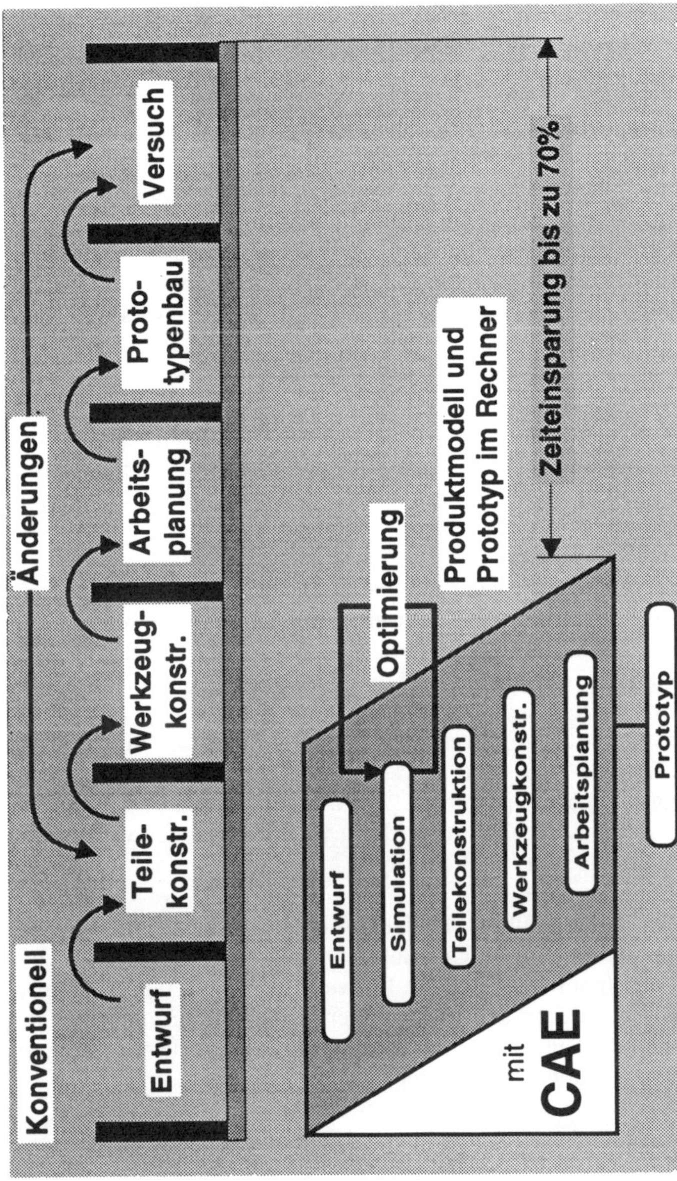

Abbildung 5: Zeitverkürzung durch Concurrent Engineering

Die Rolle der Automatisierung

In der ganzheitlichen Prozeßgestaltung eröffnen sich der Automatisierung neue Perspektiven. Erfolgreiche Automatisierungsstrategien verknüpfen technische und geschäftliche Erfordernisse, indem sie auf Erfolgsfaktoren ausgerichtet sind und den Gesamtprozeß unterstützen. Automatisierungsrichtlinien verknüpfen durchgängig Fertigungsprozeß, Informations- und Materialfluß und stellen Bausteine für eine flexible Automatisierung beherrschter Prozesse zur Verfügung. Die Produktgestaltung muß sich orientieren an der Möglichkeit zur Automatisierung, aber auch zur Entsorgung bzw. zum Recycling.

Im Produkt-Entstehungsprozeß löst das Concurrent Engineering die traditionelle arbeitsteilige Kette Produktentwicklung – Fertigungseinführung – Fertigungsdurchführung ab (Abbildung 4: Der Lösungsansatz Concurrent Engineering).

Concurrent Engineering gilt als ein wesentliches Hilfsmittel zur Zeiteinsparung. Konkret läßt sich durch Computer Aided Engineering (CAE) in den Segmenten Entwurf, Simulation, Teilekonstruktion, Werkzeugkonstruktion bis zu 70% der bisher dafür aufgewendeten Zeit einsparen, indem allein durch Simulation ohne zahlreiche „Fehlversuche" eine optimale Lösung zu erreichen ist. Für Teile- und Werkzeugkonstruktion stellen im Rechner gespeicherte optimierte Produktmodelle und Prototypen eine gewaltige Verbesserung dar (Abbildung 5: Zeitverkürzung durch Concurrent Engineering).

Bereits durchgeführte Projekte zeigen, welche Rationalisierungspotentiale zu erschließen sind: Durch vernetztes simultanes Vorgehen ließen sich die Entwicklungszeiten um bis zu 50% reduzieren; durch produktorientierte Segmentierung nahm die Durchlaufzeit um bis zu 30% ab, während gleichzeitig die Liefertreue auf über 95% anstieg.

Die wesentlichen Vorteile liegen dabei in der Möglichkeit zu parallelem Arbeiten in verschiedenen Phasen, mit kontinuierlicher

Abstimmung und Integration der Entwicklungsergebnisse im Team bzw. im Gesamtprojekt.

Der Produkt-Entstehungs-Prozeß muß schnell, fehlerfrei, und dennoch kostengünstig ablaufen. Darüber hinaus muß er menschenfreundlich und umweltverträglich sein. Jede dieser Forderungen läßt sich durch eine spezifische Antwort verwirklichen: kurze Zyklen garantieren einen schnellen Durchlauf; Prozeßbeherrschung liefert Produkte hoher Qualität. Durch kontinuierliche Rationalisierungsmaßnahmen lassen sich die Kosten senken. Zum Problemfeld Umwelt gehört die Umweltfreundlichkeit des fertigen Produktes und seiner Verpackung ebenso wie ein umweltverträglicher Herstellungsprozeß und die Möglichkeit zur Wiederverwertung bzw. unschädlichen Entsorgung (Abbildung 6: Erfolgsfaktoren im Produkt-Entstehungs-Prozeß).

Der Mensch in modernen Produktionssystemen ist nicht Lückenbüßer im automatisierten Ablauf, sondern Schaltzentrale für intelligente Reaktionen. Optimale Mensch-Maschinen-Systeme können nur dann erreicht werden, wenn bereits bei der Planung der Prozesse und Produkte der Mensch als integrierender Gestaltungsfaktor berücksichtigt worden ist.

Synthese westlicher Stärken mit japanischer Unternehmenskultur

Während bisher einzelne Aktionen oder Projekte eine temporäre Produktivitätssteigerung ergaben, soll der integrierte Ansatz durch kontinuierliche Verbesserungen (KVP) einen steten linearen Anstieg der Produktivität bringen. Auf dieser Basis können dann Innovationen zusätzlich eine punktuelle Steigerung der Produktivitätskurve leisten.

Die Prozeßorientierung hat entscheidende Auswirkungen auf die bestehenden Organisationsstrukturen, die wir vorsichtig ver-

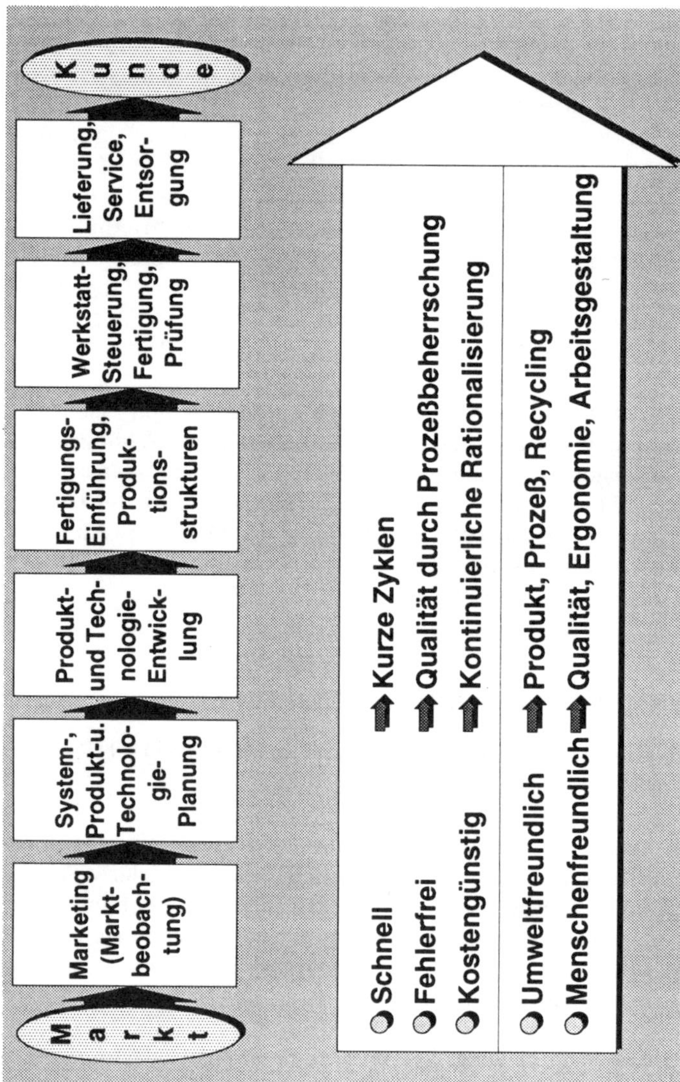

Abbildung 6: Erfolgsfaktoren im Produkt-Entstehungs-Prozeß

ändern werden: Mitarbeiter-Qualifizierung führt zu einer Anreicherung des Prozesses mit Intelligenz. Im nächsten Schritt wird – bei gleichzeitiger Verringerung des hierarchischen Überbaus – die Verantwortung für das entstehende Produkt dorthin delegiert, wo Wertschöpfung stattfindet.

Produktivitätsteigerung in Zeit, Qualität und Kosten bedeutet das erfolgreiche Zusammenwirken von Technik, Organisation und Menschen in einem ständigen, nie endenden Verbesserungs- und Veränderungsprozeß.

Die Gestalter dieser Verbesserungs- und Veränderungsprozesse sind die qualifizierten, aktiven und kreativen Mitarbeiter, die für ihren Einsatz eine differenzierte und individuelle Anerkennung und Entlohnung finden müssen.

Unser neues Konzept besteht daher aus einem ganzheitlichen Ansatz, der konsequent umgesetzt werden muß. Interne und externe Kundenorientierung und nicht zuletzt ein kontinuierlicher Verbesserungsprozeß werden uns künftig unserem Ziel einer gesteigerten Produktivität näherbringen.

Wir werden erfolgreich sein, wenn wir eine Synthese schaffen aus Grundprinzipien der japanischen Unternehmenskultur wie Lean Production und Kaizen und den westlichen Stärken wie Individualität, Leistungsbereitschaft, Kreativität.

Strategisches Informations-Management am Beispiel Babcock

Peter Friedrich

Babcock betrachtet die Informationstechnologie als Mittel zur effizienten und flexiblen Unterstützung der Betriebsabläufe, zur zeitnahen Unternehmensführung und einer verbesserten internen und externen Zusammenarbeit. Eine wettbewerbsgerechte, verläßliche und ausreichend flexible Infrastruktur für das Informationswesen ist zunehmend ein wichtiger Faktor für den wirtschaftlichen Erfolg. Da die betrieblichen Informationssysteme nahezu sämtliche Funktionsbereiche des Unternehmens durchdringen, kommt ihrer langfristigen und ganzheitlichen Planung eine besondere Bedeutung zu. Angestrebt werden möglichst integrierte/durchgängige Systeme, die einen wirtschaftlichen und störungsfreien Datenverbund sicherstellen und ein hohes Maß an Anpassungs- und Kommunikationsfähigkeit gewährleisten.

Wir empfehlen den Einsatz offener und allgemein gültiger Standards bei weitestmöglicher Beschränkung auf verbreitete Produkte und marktgängige Lösungen.

Dies setzt voraus, daß die organisatorischen Abläufe im Hause in wirtschaftlich vertretbarem Umfang den DV-Erfordernissen angepaßt und Insellösungen zu geeigneten Zeitpunkten den langfristigen Unternehmenszielen untergeordnet werden.

Die Gestaltung der Informationsverarbeitung muß folgenden grundlegenden Kriterien genügen:

- Sicherheit der Informationsversorgung aller Bereiche gemäß deren Anforderungen sowie Bereitstellung von Informationen für die Konzernführungsgesellschaft.

- Wirtschaftlichkeit (Kosten/Nutzen-Relation), unter Berücksichtigung von Folgekosten und unternehmensübergreifenden Verbundeffekten.

- Wahrung der Flexibilität in der Entwicklung der Bereichs- und Unternehmensstruktur (Modularität der DV-Systeme).

- Ausreichender Grad der DV-Eigenversorgung zur Vermeidung von unternehmensgefährdenden Abhängigkeiten.

- Einsatz moderner DV-Technologien, die in der Regel den bewährten Stand der Technik darstellen sollen.

Es liegt vorrangig in der Verantwortung der Unternehmensbereiche bzw. der Tochtergesellschaften, für einen angemessenen Einsatz der DV-Technik und eine effektive Gestaltung der Aufbau- und Ablauforganisation zu sorgen. In langfristigen DV-Rahmenplänen und der projektbezogenen Mittelfristplanung ist zu definieren, bei welchen Aufgaben und in welchem Umfang das Instrument Informationstechnik genutzt wird.

Die DV-Elemente und Grundsätze bei Babcock

Anwendungssoftware

Babcock verfolgt die Zielsetzung, längerfristig eine weitgehende Vereinheitlichung der eingesetzten Software zu erreichen. Dies gilt insbesondere für den branchenneutralen administrativen Bereich. Beim Einsatz technischer Anwendungssoftware muß im Sinne der Wettbewerbsfähigkeit eine größere Flexibilität eingeräumt werden. Die Methoden- und Produktvielfalt ist jedoch auch hier soweit wie möglich einzuschränken.

Bei der Beschaffung und Nutzung von Anwendungssoftware sind folgende Grundsätze zu beachten:

- Vom Markt bezogene Standardprodukte sind Eigenentwicklungen vorzuziehen.

- Vorrang besitzen klar strukturierte, flexible Systeme, die ohne wesentliche Anpassungen (Modifikationsaufwand) eingesetzt werden können.

- Vorrang haben bewährte, bei Babcock bereits mehrfach genutzte, standardisierte Produkte.

- Die Integrationsfähigkeit in bestehende bzw. geplante Anwendungen muß gegeben sein.

- Gefordert werden außerdem Modularität und Mandantenfähigkeit zur Erfüllung der individuellen Anwenderbedürfnisse sowie

- Stabilität als Voraussetzung für eine hohe Systemverfügbarkeit.

Systemsoftware

Grundsätzlich wird durch die Auswahl der strategischen Anbieter der Rahmen für die Betriebssysteme vorbestimmt. Aus Gründen der Wirtschaftlichkeit und der Konnektivität ist die Vielfalt möglichst gering zu halten.

Bei den systemnahen Produkten (zum Beispiel Datenbanksysteme und Programmiersprachen) sollen nur solche eingesetzt werden, die technologisch führend sind, deren langfristige Weiterentwicklung gesichert erscheint und die kein Integrationshemmnis für die Systemumgebung bedeuten.

Hardware

Die Auswahl der Hardware leitet sich aus anwendungsbezogenen Forderungen, das heißt aus softwareseitigen Entscheidungen ab. Gleichzeitig sind folgende Grundsätze zu beachten:

- Einschränkung der Herstellervielfalt und Konzentration auf wenige kompatible Produktfamilien unter Aufrechterhaltung des Wettbewerbs.
- Neben Kosten- und Leistungsmerkmalen sind Kriterien wie Konnektivität, Kompatibilität, Flexibilität, Integrationsfähigkeit, Ausfallsicherheit und Benutzerfreundlichkeit bei der Systemauswahl zu berücksichtigen.
- Beim Einsatz dezentraler Systeme sind in den Folgekosten auch die Aufwendungen für die Systemadministration zu bewerten.

Kommunikationssysteme

Informationsverarbeitungs- und Telekommunikationssysteme wachsen zusammen. Wichtige Komponenten dieser Entwicklung sind multifunktionale, kommunikationsfähige Arbeitsplatzstationen und ihre Verbindung untereinander, zum Beispiel über Nebenstellenanlagen und/oder lokale Netzwerke (LAN). Diese übermittlungstechnische Infrastruktur findet ihre Ergänzung durch Zugang zu den öffentlichen Nachrichtennetzen (ISDN).

Mit dem Einsatz dieser Technologien lassen sich an jeder Arbeitsplatzstation Texte, Daten, Sprache und auch Bilder verarbeiten und mittels interner und externer Kommunikation austauschen.

Bis zur Verabschiedung von Normen für offene Kommunikationssysteme werden die bewährten Netzwerkarchitekturen der strategischen Hardware-Anbieter eingesetzt.

Beim Einsatz von heute noch vorherrschenden dezentralen „Bürokommunikations-Lösungen“ muß auch eine spätere Systemintegration geachtet werden.

Wie die Kompetenzen zugeordnet sind

Mit dem Einsatz neuer Technologien vollzieht sich auch bei Babcock der Wandel von der Host-gesteuerten, zentralen DV zur benutzerorientierten, verteilten Informationsverarbeitung. Einer vollständigen Dezentralisierung stehen jedoch die Aspekte der Versorgungssicherheit, der Realisierung von Verbundeffekten sowie grundlegende Integrationserfordernisse entgegen, so daß für die Planung, Realisierung und Nutzung von DV-Systemen ein Modell verteilter Kompetenz zu wählen ist:

Jeder Fachbereich besitzt eine ihm zugeordnete DV-Koordination, die auf dem Gebiet der Informationstechnologie mit allen Partnern des Fachbereichs und mit dem Bereich Informationsmanagement und Organisation zusammenarbeitet. Der Fachbereich ist mit seiner DV-Koordination für folgende Aufgaben zuständig:

- Erstellung und Dokumentation einer fachbereichsbezogenen, strategischen DV-Rahmenplanung sowie deren Umsetzung und Fortschreibung in mittelfristigen DV-Projekt-plänen.

- Erarbeitung der Anforderungsprofile für DV-Projekte in den Planungsphasen Vorstudie, Grobkonzept und Feinkonzept.

- Durchführung von DV-Projekten (Realisierung und Inbetriebnahme), ggf. unter Einbeziehung Dritter in Abstimmung mit dem Bereich Informationsmanagement und Organisation.

- Systemadministration, einschließlich der Aufstellung und Pflege geeigneter Sicherheitskonzepte für die dezentral installierten DV-Anwendungen des Fachbereichs.

Der Bereich Informationsmanagement und Organisation ist für folgende Aufgaben zuständig:

- Richtlinienkompetenz für die strategische DV-Rahmenplanung der Fachbereiche, einschließlich deren Kontrolle und Freigabe.

- Beratung der Fachbereiche für die Erarbeitung von Anforderungsprofilen unter Berücksichtigung von Standards für Hardware und Software.

- Mitwirkung bei der Durchführung von DV-Projekten (Realisierung und Inbetriebnahme) in Fachbereichen unter Federführung der Fachbereiche.

- Selbständige Durchführung von DV-Projekten, zum Beispiel für übergeordnete, unternehmensweite Aufgabenstellungen.

- Beratung und Unterstützung der Fachbereiche bei Planung, Realisierung und Nutzung von PC-gestützten Informationssystemen.

- Optimierung der Ablauforganisation und der davon betroffenen DV-Systeme unter Federführung der Fachbereiche.

- Mitwirkung bei Verhandlungen mit Hardware- und Software-Anbietern.

- Zusammenarbeit mit dem Datenschutzbeauftragten in allen Fragen des Datenschutzes.

Anwendungen und Standards

Babcock wird sich auf die Nutzung fachlich bewährter und technologisch zukunftsorientierter Produkte konzentrieren, wobei die Produktauswahl folgenden Kriterien unterliegt:

- Fachliche Eignung für den Benutzer,
- Wirtschaftlichkeit,
- Zukunfts- und Ausfallsicherheit,
- Flexibilität und Ausbaufähigkeit innerhalb von Produkt-/ Systemfamilien,
- Modularität und Vielseitigkeit,
- Kompatibilität und Konnektivität im Systemverbund sowie
- Anbieterqualifikation.

Die Informationsversorgung soll sich zukünftig zur Einschränkung der Vielfalt vorzugsweise auf Hardware-Systeme der Hersteller IBM, Siemens und DEC abstützen.

Der Einsatz alternativer Produkte bei Neuinstallationen ist nur in begründeten Fällen gestattet, sofern erhebliche wirtschaftliche Vorteile nachgewiesen werden können. Unabdingbare Voraussetzung jedoch ist, daß die Integration von Speziallösungen in das Gesamtsystem sichergestellt werden kann.

Die Auswahl von „Babcock-Standardsoftware" ist auf die Hardware der oben genannten Hersteller abgestimmt.

Im Bereich der administrativen/operativen Anwendungen

- Finanzwesen,
- Anlagenbuchhaltung,
- Kostenrechnung,
- Personalwirtschaft,
- Materialwirtschaft,

- Auftragsabwicklung,
- Produktionsplanung und -steuerung sowie
- Vertrieb

gelten die SAP-Produkte (RF, RA, RK, RM und RV) als verbindlicher Standard. Das derzeit eingesetzte System „Debas 90" (Babcock-Eigenentwicklung) wird in einem stufenweisen Prozeß, unter Berücksichtigung von Funktionalität und Wirtschaftlichkeit, durch die SAP-Produkte abgelöst.

Im technischen Bereich lassen sich wegen der hohen Anwendungs-Individualität und des relativ geringen Marktangebotes einerseits sowie Wettbewerbserfordernissen andererseits, derzeit nur bedingt Standardprodukte auswählen. Die Systemkonzeption für Leitstand-/Werkstattsteuerungen sowie CNC-/DNC-Anwendungen bedarf weiterhin einer präzisen Anforderungsanalyse. Für CAD-Anwendungen liegen mittlerweile genügend Erfahrungen im Umgang mit verschiedenen Systemen vor. Als Standardprodukt wird hier CADAM (IBM/DVO) vorgegeben. In weitergehenden Untersuchungen ist festzulegen, welche Produkte für Spezialanwendungen zum Einsatz kommen sollen.

Die Methodik des Projektmanagements wird derzeit vereinheitlicht und präzisiert. Im Rahmen dieser Aktivitäten wird auch die Frage nach einem anwendungsneutralen PM-Standardprodukt beantwortet.

Als Standardprodukt für die Textverarbeitung wird PCText (IBM) festgelegt. Andere, derzeit genutzte Produkte erhalten Investitionsschutz und werden bei geeigneten Anlässen, sofern wirtschaftlich vertretbar, durch das Standardprodukt abgelöst.

Im Rahmen der Neukonzeption der Schreibsysteme wurden die Sekretariate des Hauses mit einheitlichen, kompatiblen PC-Arbeitsplätzen ausgestattet; in Folgeschritten kann jetzt die weitergehende Bürokommunikation (Vernetzung, Electronic Mail, Archiv) auf der Basis der Produkte OS/2, DOS realisiert werden.

Stufenweise Realisation

- Einrichtung der DV-Koordination in jedem Fachbereich und Benennung der dafür verantwortlichen Mitarbeiter, bis 15.01.91.

- Erarbeitung eines bereichsbezogenen SAP-Konzeptes durch die DV-Koordination jedes Fachbereichs bis 01.03.91, unter Berücksichtigung der SAP-Strategie.

SAP-Strategie

- Kurzfristig, das heißt innerhalb von 2 Jahren, Einführung der Systeme RF, RA und RK sowie RP.

- Mittelfristig, das heißt nach 2 Jahren, Einführung des Systems RM-MAT.

- Langfristig, das heißt nach ca. 3-4 Jahren, Einführung der Systeme RM-PPS und RV.

- Erarbeitung eines bereichsbezogenen Bürokommunikations-Konzeptes durch die DV-Koordination jedes Fachbereichs, unter Berücksichtigung von grundsätzlichen Integrationserfordernissen, bis 01.04.91.

- Erarbeitung eines bereichsbezogenen CAD-Konzeptes durch die DV-Koordination jedes technischen Fachbereichs, bis 01.05.91.

Begleitend dazu wird die DV-Koordination jedes Fachbereichs an der Gestaltung eines unternehmensweiten Management-Informationssystems (MIS) mitwirken, das so schnell wie möglich realisiert werden soll.

- Formierung der Teams unter Leitung des Bereichs IMO, Istaufnahme für alle Bereiche, 41 Treffen unter der Leitung IMO.
- Bildung von Arbeitsgruppen für CAD, BK, SAP und MIS.
- Erarbeitung von bereichsbezogenen Konzepten für CAD und BK durch die Koordinatoren.
- Einrichtung des PC-Benutzerservice mit Hotline-Service.
- Vereinbarung von Standards für Hardware und Software.
- Erarbeitung eines Gesamtkonzeptes für SAP und MIS durch IMO.
- Verhandlungen mit diversen DV-Anbietern.
- Umstrukturierung des IMO-Teams und Reduzierung von 112 MA auf 11 MA.

CAD-Aktivitäten

Anzahl Installationen in	12/90: ca. 65
	12/91: ca. 115
	12/92: ca. 160

- Deutliche Kostenreduzierung um ca. 660 TDM/Jahr durch Mengenrabatte mittels CAD-Koordination.
- Informationsveranstaltung für den Vorstand und für die oberen Führungskräfte.
- Schulung für Einsteiger, „Training on the Job“ für Fortgeschrittene.
- CAE-Projekt zur Realisierung einer bereichsübergreifenden

Zusammenarbeit.

- Die Produktstandardisierung wird forciert.

Umsetzung der Bürokommunikation

Anzahl Installationen in	12/90: ca. 200
	12/91: ca. 560
	12/92: ca. 800

- Dramatische Preisentwicklung bei Hardware und Software.
- Die Standardisierung ist weitgehend abgeschlossen.
- Der Benutzerservice wird angenommen.
- Die Standortvernetzung ist in Arbeit.

Das Pilotprojekt „Dokumentverwaltung“ ist in Vorbereitung.

SAP-Projekte

Finanzbuchhaltung (RF) und Anlagenbuchhaltung (RA)

Einführungszeitraum:	6 Monate
Einführungstermin:	01.07.92

Kostenrechnung (RK)

Einführungszeitraum:	9 Monate
Einführungstermin:	01.10.92

Personalplanung und -steuerung (RP)

Einführungszeitraum:	17 Monate
Einführungstermin:	01.01.93

Materialwirtschaft (RM-MAT)

Einführungszeitraum:	21 Monate

Einführungstermin: 01.01.94

Fertigungssteuerung (RM-PPS)
Einführungszeitraum: 3 Monate
Einführungstermin: 20.01.92

Auftragsabwicklung und Vertrieb (RV)
Einführungszeitraum: 5 Monate
Einführungstermin: 01.03.92

Management-Informationssysteme

Babcock-Vernetzung (BANET), Beteiligungshandbuch (BHB), Controllinginformationssystem (CIS) und Konzernumsatzstatistik (KUS) sind im Laufe der Jahre 1991 bzw. 1992 weltweit eingeführt worden. Mittlerweile werden sie voll genutzt.

Informationsmanagement und Organisation

Die Organisation von gestern zeichnete sich aus durch Hierarchie, Bürokratie, Schwerfälligkeit, Ohnmacht, Isolation, lange Entscheidungswege, Kästchendenken, Wasserkopf, Verkrustungen, Problemverwaltung, Titelstreben und Frustration.

Die Organisation von morgen setzt dagegen auf Teamarbeit, Flexibilität, Schlagkraft, Verantwortung, Initiative, Engagement, Transparenz, Führung, Kompetenz und Motivation.

Der Slogan heißt „Kompetenz statt Titel". Die Bewertung der Mitarbeiter hängt ausschließlich von der Leistung und der Qualifikation ab. Es gibt deshalb auch nur noch Leiter statt Hauptabteilungsleiter. Diese Organisation ermöglicht eine flexiblere und leichtere Einführung und Umsetzung des Informationsmanagements.

Change Management – Das Prinzip Vertrauen als neue Herausforderung

Knut Bleicher

Die wachsende Komplexität unserer Lebensverhältnisse, vor allem aber die gestiegene Dynamik der Veränderung unseres Umfeldes lassen zum Ende dieses Jahrhunderts die Frage nach der Beherrschbarkeit von Entwicklungsverläufen durch den Menschen stellen.

Diese Berherrschbarkeit von Entwicklungsverläufen ist nicht nur für unser ökologisches und gesellschaftliches Umfeld bedeutsam, sondern sie betrifft vor allem Unternehmungen, die letztlich diese Entwicklung tragen. In ihnen erschweren sich die Bedingungen, da ihre Entwicklung zugleich von innerorganisatorischen Eigengesetzlichkeiten getragen wird, die sie selbst an Grenzen der Beherrschbarkeit stoßen lassen.

Wenn es in Unternehmungen derzeit novative Überlegungen gibt, wie vor einem sich verändernden Hintergrund die Überlebens- und Entwicklungsfähigkeit gesichert werden kann, dann müssen nicht nur Aufgaben, Rollen, Instrumente und Methoden des Managements als harmonisierende Kraft der Gestaltung und Lenkung von Unternehmungen zur Disposition gestellt, sondern auch die grundsätzlichen Prämissen und Aussagensätze unserer kulturell geprägten Anschauungen über soziale Systemgestaltung und ihrer Lenkung durch das Management hinterfragt werden.

Die Herausforderung an Unternehmer und Organisation in einer Zeit beschleunigten Wandels

Die arbeitsteilige Komplexitätsverarbeitung stößt unter Zeitaspekten an Grenzen der Beherrschbarkeit

Wir leben unbestritten in bewegten Zeiten. Unsere Welt befindet sich in einem starken Fluß der Veränderung und wir können uns von den vielfältigen Entwicklungen, die uns alle irgendwie berühren, nicht frei machen.

Dies betrifft in besonderem Maße Führungskräfte, die für soziale Systeme mit ökonomischen Zielen im Ganzen wie in ihren Teilen Verantwortung tragen. Gesellschaftlicher, ökonomischer und technologischer Wandel muß durch sie erkannt, verkraftet und im Miteinander in zukunftsführende Aktionskurse umgesetzt werden. Diese sollen nicht nur das Überleben, sondern auch die Entwicklungsfähigkeit einer Unternehmung sichern.

Die Einflüsse, die es zu verarbeiten gilt, sind vielfältig: sie reichen vom zunehmenden Bewußtsein für ökologische Zusammenhänge über sich internationalisierende Markt- und Wettbewerbsbedingungen mit verminderten Wachstumserwartungen und technologischen Entwicklungen, die in die Richtung einer zukünftigen Informationsgesellschaft weisen. Sie alle werden vom Wertewandel der Mitarbeiter und Kunden gleichermaßen durchdrungen.

Die Art und Weise, wie diese Problematik gelöst wird, hängt von Entscheidungen der Führungskräfte ab. Diese sind selbst geprägt durch ihre Herkunft und nationale Erfahrung. Eine Bewältigung des ökonomischen und sozialen Wandels im internationalen Beziehungszusammenhang verlangt daher nicht nur ein grundsätzliches Überdenken der Konzepte, wie wir Unternehmungen führen, sondern auch ein Besinnen darauf, mit welchen sozio-kulturellen Vorprägungen Führungskräfte an ihre Aufgaben herangehen.

Unsere bisherige Vorgehensweise zur Reduzierung dieser außeninduzierten Komplexität war getragen vom Prinzip der Arbeitsteilung und personeller Spezialisierung. Diese stößt nunmehr an Grenzen sowohl im Hinblick auf die damit verbundene Hierarchisierung und Bürokratisierung in der Systemgestaltung als auch über die ihr inhärente Entfremdung und Sinnentleerung für den Menschen.

Es wäre jedoch unter Würdigung der Grenzen menschlicher Perzeptionsfähigkeit und Problembewältigungskapazität utopisch zu erwarten, daß auch bei anderen Gestaltungsansätzen auf Arbeitsteilung und Spezialisierung gänzlich verzichtet werden könnte. Drückt sich die Zunahme an Komplexität in unseren Systemen in den Notwendigkeiten aus, Probleme zunehmender Schwierigkeit und Vernetztheit lösen zu müssen, so ist weiter zu beachten, daß nicht nur die Problemlandschaft komplexer geworden, sondern auch die Einsicht gewachsen ist, daß unser Wahrnehmungsapparat für Komplexität und Veränderung an seine Grenze gestoßen und durch die auf ihn zukommenden Probleme überfordert ist. Wir besitzen nur schmale Fenster, um die Welt außerhalb unseres Hauses zu erfassen. Diese sind zwar lebenswichtige Ausschnitte, jedoch gelingt es häufig auf diesem Wege nicht, wesentliche Zusammenhänge wiederzugeben.

Auf der Zeitachse haben wir ständig größer werdende Veränderungen in immer kürzeren Reaktionszeiten zu bewältigen. Dem steht jedoch in unseren größeren Organisationen der Wirtschaft und insbesondere im Bereich der Verwaltung eine Tendenz gegenüber, aufgrund hierarchischer Strukturen und bürokratischer Verhaltensweisen zur Problemverarbeitung immer mehr Zeit zu benötigen. Damit stellt sich die Frage, ob unsere herkömmlichen Ansätze zur Problemerkenntnis und Problembewältigung ausreichend sind, um mit den neuartigen Herausforderungen fertig zu werden.

Technokratisches Management und bürokratische Verhaltensweisen verdrängen notwendige unternehmerische Dynamik

Mit Blick auf die bislang erfolgreiche Wirtschaftsentwicklung der Vereinigten Staaten haben wir zumeist recht kritiklos einen wesentlichen Teil unseres Managementwissens von dort bezogen. Diese Vorstellungen sind von einem technokratischen Geist der Machbarkeit durchdrungen. Sie beruhen auf dem Prinzip der Versorgung des bislang größten geschlossenen Marktes mit standardisierten Massenprodukten.

Die wissenschaftliche Betriebsführung versuchte beispielsweise das Problem zu lösen, eine unqualifizierte Mitarbeiterschaft auf dem Wege technokratischer Arbeitsteilung zur Produktivität zu führen. Dazu mußten methodische Werkzeuge erarbeitet werden, die eine Normierung und Standardisierung von Arbeitsvollzügen erlaubten. Gleichzeitig mußten Führungs- und Organisationstechniken bereitgestellt werden, die diesen besonderen Bedingungen entsprachen. Diese Vorbildfunktion des erfolgreichen amerikanischen Managements hat bis weit in die zweite Hälfte unseres Jahrhunderts angehalten und wird erst neuerdings kritisch in Frage gestellt (Reich 1983, 1987).

Traditionelle Managementphilosophien gehen von einem stabilen Umfeld aus

Diese Periode der Massenproduktion, die vielen Ländern einen enormen Wohlstand gebracht hat, scheint sich derzeit jedoch in den hoch-entwickelten Industrieländern ihrem Ende entgegenzuneigen. Die darin enthaltene Dramatik der Entwicklung für die amerikanische Wirtschaft wird seit langem gesehen und in ihrer Problematik verdeutlicht.

So forderte beispielsweise Robert B. Reich (1983) für die Wiederherstellung der Wettbewerbsfähigkeit der amerikanischen Wirtschaft ein Abrücken von der nationalen Kultur arbeitsteiligen Massendenkens des Angebots standardisierter Leistungen.

Neue Eigenschaften, wie Präzision, Qualität, Kunden- und Marktorientierung und in der Produktion ein technologieorientiertes Handeln werden notwendig. Flexible Organisationssysteme, die eher von Ganzheitlichkeit getragen sind, sind ein Zukunftsgebot. Die Überleitung in flexible Systeme verlangt nichts weniger als ein Abgehen von den liebgewonnenen Gewohnheiten einer „mechanistischen" Organisationsform, die inzwischen alle Facetten des amerikanischen Lebens durchdrungen hat. Viele dieser Überlegungen gelten in abgewandelter Form auch für europäische Traditionsunternehmungen (Bleicher 1989).

Zukunftsführende flexible Systeme sind vor allem abhängig von den Fähigkeiten der Menschen, die sie gestalten und lenken. Die sich mit ihnen verbindenden Herausforderungen sind nur bedingt im Hinblick auf alle Probleme und Möglichkeiten, durch Vorgabe von standardisierten Regeln programmierbar. Der eigentliche Wert liegt in der Möglichkeit, schnell auf neue, kaum voraussehbare Situationen marktlicher und technologischer Art reagieren zu können und kreativ Visionen für zukünftige Probleme und ihre Lösung am Markt durch die Anwendung neuer Technologien zu entwickeln. Damit rückt das technokratische Verständnis einer Systemgestaltung gegenüber dem persönlichen Verhalten der Organisationsmitglieder in den Hintergrund. Stellte Frederick Winslow Taylor noch fest: „In the past man has been first, now the systems will be first", so kehrt sich nunmehr diese Aussage um: „In the past systems have been first, now man will be first (again)".

Mißtrauens- oder Vertrauensorganisation?

Gehen wir zunächst von der systemisch-strukturellen Seite aus, so interessiert vor allem der Wandel in der Betrachtung der Rolle, die der organisatorischen Gestaltung zur Bewältigung von Komplexität und Dynamik zukommt.

War die bisherige Organisationsphilosophie im Prinzip vom Mißtrauen gegenüber der Motivation und Qualifikation der Mitarbeiter getragen, so ist ohne einen Wandel in dieser Prämisse eine Zukunftsgestaltung kaum mehr denkbar. Die bisherige Organisationsphilosophie habe ich summarisch mit dem Ausdruck der „Mißtrauensorganisation" belegt (Bleicher 1989). Für die Zukunft, die vor allem durch die Eigenständigkeit kreativer Beiträge zur Innovation getragen sein wird, bietet sich die Vorstellung einer zu entwickelnden Vertrauensorganisation an.

Es ist viel darüber geschrieben worden, daß wir uns einem Wandel im Menschenbild gegenübersehen: vom mechanistischen Aufgabenträger, der vorwiegend eindimensional gesehen wurde, hin zum „complex man", der sich nur über eine vieldimensionale Betrachtung erschließen läßt. Dies hat gravierende Konsequenzen für die Gestaltung unserer sozialen Organisationen. Statt zentraler Lenkung, Programmierung, Standardisierung und Normierung wie einer Formalisierung von Arbeitsvollzügen mit intensiven Fremdkontrollen ergibt sich ein Trend hin zur Aktivierung des Leistungs- und Erfolgsstrebens einer intelligenten Mitarbeiterschaft.

Dies bedeutet, daß statt Mehrfach-Kontrollen gleicher Sachverhalte und intensiver detaillierter Eingriffe in das betriebliche Geschehen eher die Gestaltung von Rahmenbedingungen in den Vordergrund rückt: Forderungen, Anreize und Entwicklungsmöglichkeiten müssen für die Mitarbeiter geboten werden. Die Organisation wird dann weniger in einer Lückenbüßerfunktion für menschliche Unzulänglichkeiten gesehen, als vielmehr als ein Mittel zur Kanalisierung und Gratifizierung des Mitarbeiterverhaltens (Schanz 1982) im Hinblick auf den unternehmungspolitischen und strategischen Kurs, der in eine zwar ungewisse, aber erstrebenswerte Zukunft führt. Verhaltensweisen wie Ehrlichkeit, Offenheit, Toleranz, Partnerschaft, Würde und Sicherheit werden zu tragenden Säulen persönlichen Umgangs im Rahmen einer Vertrauensorganisation (Solaro 1989).

Mit zunehmender Arbeitsteilung und Spezialisierung wird im Innern von Unternehmungen die Bändigung der damit eingebauten Zentrifugalkräfte – die Überwindung von „Schnittstellen" ist in den meisten Unternehmungen hochaktuell geworden – zum Problem (Brockoff 1989). Sie wird traditionell durch Systeme der Integration und Koordination (Planungs-, Lenkungs-, Informations-, Kontrollsysteme) vollzogen. Ein derartiger Ansatz besitzt jedoch einen wesentlichen Nachteil: Diese Systeme produzieren selbst Eigenkomplexität in der Unternehmung, sie lenken das Verhalten der Mitarbeiter von den primären Zielen und Aufgaben ab und tendieren dazu, eine Unternehmung zu bürokratisieren und zu politisieren.

Fortgeschrittene Arbeitsteilung und Spezialisierung werden zudem zur „Sinnbremse", indem den Mitarbeitern die Sinnhaftigkeit ihres Tuns zunehmend verloren geht. Der Verlust an Möglichkeiten zur Selbstentfaltung, der durch den Mangel an teilautonomen Organisationseinheiten mit generalisierter Aufgabenstellung und Verantwortung bedingt ist, kann als tieferer Grund für eine sich in vielen Unternehmungen entfaltende Sinnkrise der Mitarbeiter identifiziert werden.

Anforderungen an Organisation und Mitarbeiter zur Zukunftsbewältigung

Kundenorientierung: Differentielles Handeln

Viele Unternehmungen sind derzeit noch derart organisiert, als gelte es nur interne Probleme national zu lösen. Mit steigender Wettbewerbsintensität der Wirtschaft und anspruchsvoller gewordenen Kunden gilt es aber, den Systembezug zu Kunden zum entscheidenden Gestaltungsprinzip der Organisation zu machen.

Die Suche nach kundenorientierten Organisationsformen, sei es durch den Einbezug eines „key account management", von Projektmanagern zur Abwicklung einzelner Kundenaufträge oder gar die Bildung kundenspezifischer Geschäftsbereiche nach dem Prinzip „one face to the customer" beschäftigt derzeit zu Recht viele Unternehmungen.

Dabei reicht es jedoch nicht, die Organigramme umzuzeichnen und den Kunden nach oben oder in die Mitte zu stellen. Es gilt, in den Unternehmungen einen Geist der Kundenorientierung zu erzeugen, der auch die Mitarbeiter im „back office" erfaßt. Statt auf die Vertriebs- und Marketingleute in ihrer arbeitsteiligen Zuständigkeit zu verweisen, sollte sich jeder Mitarbeiter in einer dienenden Rolle gegenüber dem Kunden sehen.

Doch erscheint die Orientierung am Kunden allein nicht mehr ausreichend zu sein. Die Unternehmung wird zunehmend in ihrer gesellschaftlichen Funktion erkannt und muß um ihre Legitimation durch eine Nutzenstiftung für vielfältige Bezugsgruppen bemüht sein. Leistungen für die Öffentlichkeit, Umwelt, Mitarbeiter treten neben diejenigen, die sich für Kunden, Lieferanten und die Eigentümer traditionell entwickelt haben. Auch dies verlangt von der Organisationsgestaltung eine zunehmende Berücksichtigung des Netzwerkgedankens im Beziehungsverhältnis von Umwelt und Unternehmung.

Mitarbeiterorientierung: Soziales Handeln

Mit einem Trend zum „intelligenten Geschäft", der sich am deutlichsten bei Unternehmungen zeigt, die im weitesten Sinne „weiche" Problemlösungen anbieten (Engineering-, Software-, Beratungsfirmen als Beispiel), wird die tragende Rolle der „human brain power" – also der Kompetenz von Mitarbeitern zur Erarbeitung intelligenter Lösungskonzepte – deutlich. Mit ihr verschieben sich die Prioritäten von den „harten" Faktoren, die nach wie vor die Aktivseite historischer Bilanzen dominieren, zu den weichen „intangibles", die sich in unserem traditionellen Rechnungswesen allenfalls als Aufwendungen, nicht aber als Erfolgsfaktoren finden lassen.

Knapper fachlicher Professionalismus von hoch-begabten Mitarbeitern ist aber gegenüber seinem sozialen Umfeld der Unternehmungskultur und des Führungsverhaltens außerordentlich sensitiv. Ohne eine hochgradige Mitarbeiterorientierung und eine ausgeprägte Sozialkompetenz der Führung sind die Erfolgsvoraussetzungen für eine zukunftsführende Unternehmungsentwicklung kaum gegeben.

Innovationsorientierung: Flexibles Handeln

Die hoch-dynamischen Veränderungen, denen sich Unternehmungen in allen ihren Umfeldern gegenübersehen, verlangen eine hohe Flexibilität der Strukturen und des Verhaltens. Das Stichwort „Zeitwettbewerb" deutet den starken Zeitbezug allen Handelns in sich schnell verändernden Märkten an, der in vielen Fällen von der Substitution herkömmlicher durch neue, avantgardistische Technologien getragen wird. Eine Bewältigung des Wandels verlangt nicht nur situative Handlungsflexibilität, sondern auch eine proaktive, vorausschauende Invention neuer Ideen, die letztlich im Inneren der Unternehmung und im Markt durchgesetzt werden müssen (Innovation), um einen Erfolgsbeitrag zu bewirken.

Integrationsorientierung: Ganzheitliches Handeln

Unser gegenwärtiges Führungshandeln ist selbst von arbeitsteiligen und spezialisierten Beiträgen geprägt, die nur mit großem Aufwand harmonisiert werden können. Viele Teilsysteme der Planung, Information, Kontrolle, Beurteilung und der Anreize sind in sich widersprüchlich und damit kaum geeignet, das Mitarbeiterverhalten in eine erstrebte Richtung zu lenken. Es ist eine vordringliche Aufgabe der Führung, über die Handhabung von Denk- und Dialogprozessen mit den Mitarbeitern Gesamtzusammenhänge erkennbar zu machen, Interdependenzen zu verdeutlichen und Sinnangebote zu machen.

Die Einsicht in ganzheitliche Auswirkungen von Teilentscheidungen stellt die Voraussetzung dafür dar, daß die Führungskräfte einen konkreten Beitrag zur Entwicklung eines integrierten Managements (Bleicher 1991) leisten, das letztendlich als der eigentliche, Stoßkraft verleihende Wettbewerbsfaktor gelten kann.

Strukturelle Lösungsmuster im Wandel

Im Zuge einer Entwicklung hin zu einer Vertrauensorganisation, die letztlich prägendes Element einer unternehmungskulturellen Entwicklung ist, lassen sich einige wesentliche Trends in der Organisationspraxis entdecken:

Von der aufgabenorientierten Organisation „ad rem" zum Entdecken der Individualität der Führung

Wir stellen einen Trend fest, der wegführt vom Kästchendenken in den Führungspositionen, von der Besetzung mit dem „anforderungsgerechten Stelleninhaber", der sich nicht selten dann auch als „Eigentümer" eines Eigenbereiches geriert. Dies geschieht aufgrund eines Normbildes der Stellenbeschreibung, der Suche nach einem zuweilen fatalen Durchschnitt, der getragen wird von einer Katalogisierung von Merkmalen, die Gleichheit verleihen. Das Gegenstreben ist in einer Suche nach Individualität in der Führung zu sehen.

Von tiefgreifender Arbeitsteilung und Spezialisierung zur Gestaltung generalisierter umfassender Aufgaben- und Verantwortungskomplexe nach dem Objektprinzip

Die herausgestellte Tendenz, Außenkomplexität durch eine Segmentierung von Systemen zu bewältigen, führt zum Aufbau von Integrationssystemen und Koordinationsinstrumenten. Die dabei entstehende Eigenkomplexität läßt verstärkt eine Politisierung und Ritualisierung des Verhaltens der Mitarbeiter im „Bedienen" der Systeme als eine Art „Sinnersatz" arbeitsteiliger Organisation entstehen. Lösungsansätze können innerhalb der Mikroorganisation in der Restrukturierung der Arbeit („job enlargement" und „job enrichment"), im Schaffen von teilautonomen Geschäftseinheiten in der Gesamtorganisation, wie personalpolitisch in der stärkeren Nutzung von Rotationsverfahren erblickt werden.

Abflachung der Organisationskonfiguration

Je mehr organisatorische Gestaltung von einer Philosophie des Mißtrauens getragen wird, um so mehr „checks and balances" müssen eingezogen werden. Dies führt unweigerlich zum Aufbau immer tiefergestaffelter Hierarchien mit Informationsverlusten und Zeitverzögerungen bei den Entscheidungsprozessen.

Viele Unternehmen haben damit begonnen, pauschal oder nach Bereichen differenziert Leitungsebenen aus der Hierarchie zu entfernen, um die Leitungsspitze näher an die operative Basis heranzuführen. Dieser Trend wird unterstützt durch den zunehmenden Einfluß der Informationstechnologie auf die Organisationskonfiguration. Wie auch Peter Drucker (1980) bemerkt, hat er zu einer beachtlichen Verschiebung im Aufgabenspektrum der mittleren Führungsebene geführt.

Standen am Anfang der Entwicklung die qualifizierten Fachkenntnisse im Vordergrund, die einen Mitarbeiter zur Führung befähigen sollten (der beste Verkäufer wurde Verkaufsleiter – nicht selten mit katastrophalen Folgen für die konzeptionelle und systematische Verkaufsarbeit einer Abteilung), verlagerten sich die Schwerpunkte zunehmend auf die integrativen Aufgaben der Planung, Steuerung, Kontrolle und Verwaltung, alles mit einem Quantum Menschenführung durchsetzt.

Damit gewann aber auch die Arbeit der Informationsbeschaffung, -transformation und -weitervermittlung ständig an Bedeutung, woraus nicht selten auch in der Menschenführung schwächer ausgeprägte Führungskräfte ihre Autorität ableiteten (Information = zweckbewegenes Wissen = Macht). In diesen Zusammenhang greifen zunehmend neue Informationstechnologien ein, die dem Vorgesetzten diese Aktivitäten abnehmen und es dem Mitarbeiter ermöglichen, sich im Direktzugriff – am Vorgesetzten vorbei – die jeweiligen Informationen zu beschaffen.

Damit wird nicht nur ein wichtiger Grundpfeiler jeder Mißtrauensorganisation nachhaltig erschüttert, sondern dem Führer auch ein wichtiger Hebel zur Sicherung seiner Autorität aus der Hand genommen.

Viele Vorgesetzte reagieren auf diese Entwicklung durch die Verlagerung auf die Verdichtung, Relativierung und Interpretation von Informationen aufgrund eigener Analysen. Damit bewegten sie sich jedoch faktisch in die Rolle einer zweiten Stabsdimension hinein, sie werden zu „second guessers"!

Empfindet man diese Entwicklung als untolerierbar, dann sind organisatorische Konsequenzen zu ziehen: Leitungsspannen sind zu überprüfen, ob sie tatsächlich nicht viel zu eng gespannt sind. Mit ihrer Ausweitung eröffnet sich zugleich die Möglichkeit der Einsparung von Leitungsebenen und der Verflachung der Konfiguration einer Organisation. Unbestreitbar jedoch ist, daß sich dabei eine Legitimations-Krise der mittleren Führungsschicht abzuzeichnen beginnt.

Teilautonome, unternehmerische Einheiten im Zentrum der Organisation

Die organisatorisch bedingte Schwerfälligkeit vieler größerer Unternehmungen in der Anpassung an technologische und marktliche Veränderungen lassen sich neben den dargestellten Maßnahmen vor allem durch eine konsequentere Dezentralisation überwinden. Sie führt zur Bildung teilautonomer Einheiten, die relativ selbständig bestimmte Geschäftszweige betreiben.

Der erste „Großversuch" zur Dezentralisation in den 60er Jahren führte in vielen Unternehmungen unter der Devise der Divisionalisierung zur Bildung von Sparten, Geschäfts- und Unternehmungsbereichen, denen regelmäßig starke Zentralbereiche zur Nutzung sogenannter Synergieeffekte unter Experteneinsatz und zum Erreichen einer unternehmungseinheitlichen, integrierten und koordinierten Vorgehensweise gegenübergestellt wurden.

Die Verwirklichung dieses Konzeptes stieß in den meisten Unternehmungen allerdings von Anfang an auf erhebliche Schwierigkeiten: Die gewachsene Fertigungsstruktur ließ sich nicht eindeutig auf die neu gebildeten Divisions zuordnen. Kompromißlösungen mußten her. Gleiches galt vielfach auch für den Vertriebsapparat der in- und ausländischen Verkaufsniederlassungen, die für mehrere oder alle Geschäftsbereiche tätig waren. Neben vom Ansatz her problematischen Zuordnungen stellten sich im Laufe der Zeit immer mehr Mängel ein: Die Kundenorientierung wurde zugunsten der systembildenden Produktorientierung dann immer mehr vernachlässigt, wenn mehrere Bereiche sich an gleiche Kunden wendeten. Großaufträge wurden beim Trend zum Systemgeschäft angebotsmäßig nicht bearbeitet, weil kein einzelner Bereich bereit war – aufgrund seines eigenen beschränkten Lieferanteils – für das Gesamtprojekt die Federführung zu übernehmen. Technisch wurden separate Entwicklungsprojekte vorangetrieben, die zu einem internen Wettbewerb am Markt mit inkompatibler Systemarchitektur führten. Diese Beispielreihe ließe sich beliebig fortsetzen.

Es nimmt nach diesen Erfahrungen nicht wunder, daß in der Organisationspraxis längst ein zweiter Großversuch zur Dezentralisation mittels einer Teilautonomisierung von Einheiten eingesetzt hat. Dieser steht unter der Devise „small is beautiful" – also der Erkenntnis, daß Systeme über die Stärkung ihrer Feinstruktur an Elastizität gewinnen. Statt von einer Dualität dezentraler Geschäftseinheiten und zentraler Steuerungseinheiten gehen diese von der Bipolarität dezentraler, unter Umständen zeitlich beschränkter Einheiten zur Bewältigung des marktlichen und technologischen Wandels einerseits und zentraler logistischer Kerneinheiten auf Dauer andererseits aus.

Ist es Sache der flexiblen, auf den Handel eingestellten Einheiten, marktliche und technologische Chancen frühzeitig zu erkennen und unternehmerisch zu nutzen, obliegt es dem logistischen Kern für die Bewältigung dieser Aufgaben, auf Dauer Ressourcen bereitzustellen und diese manageriell in ihren Kapazitäten und ihrer Beschäftigung so zu harmonisieren, daß ihr Einsatz möglichst effizient wird.

Dies verlangt im flexiblen Bereich kleinerer teil-autonomer Einheiten die weitgehende Aufgabe der bislang in der Organisation vorherrschenden Arbeitsteilung, während diese jedoch für den logistischen Kernbereich nach wie vor charakteristisch bleibt. In letzter Konsequenz führt diese Entwicklung zu einer mehrdimensionalen Organisationsstruktur, bei der entspezialisierte, wenig arbeitsteilige Geschäftseinheiten mit spezialisierten und arbeitsteilig organisierten logistischen Kerneinheiten verkoppelt werden müssen – mit allen schon bekannten Problemen einer labilen Konflikthandhabung in derartigen komplizierten Strukturen.

Subsidiarität auch für „Stäbe": „keep the organization lean and hungry"

Es ist interessant, nach den Ursachen zu forschen, die zur Personalaufblähung bei der Führung und Verwaltung – insbesondere bei den Stäben und Zentralabteilungen – geführt haben, die sich letztlich in überformalisierten, bürokratischen und schwerfälligen Organisationsstrukturen niedergeschlagen haben. Ursache ist auch hier wieder das mangelnde Vertrauen in die Tätigkeit der mittleren und unteren Organisationsebenen.

Stäbe und Zentralbereiche tendieren dazu, ihre formal eingeschränkte Leitungsmacht mit eigenen Methoden der Aufstellung von Grundsätzen der Regulierung und des fachlichen Dirigierens zu vergrößern. Dabei können sie im Ergebnis häufig stärker ihre eigenen Interessen als die des Unternehmens im Auge haben. Dies kann leicht dazu führen, daß Linienmanager von Gruppen in der Zentrale durchleuchtet werden, die vor allem in der Förderung ihrer eigenen Karriere durch das Aufspüren von Problemen und einem Aufbauschen ihrer Bedeutung interessiert sind.

Ein Heranführen von Stäben an ihre Leistungsabnehmer und damit eine Verstärkung ihrer Dienstleistungsrolle ist ein erkennbarer Trend der Organisationspraxis. Dieser läßt sich weiter dadurch verstärken, daß eigene Profit Center für diese

Dienstleistungen geschaffen werden. Eigene Dienstleistungsgesellschaften, die darüber hinaus für Dritte arbeiten, stellen eine weiterführende und marktoffene Variante dieser Entwicklung dar.

Die organisatorische Anpassung wird zum Dauerthema

Vor noch nicht allzu langer Zeit wurde in der Organisationstheorie Alfred Chandlers These „structure follows strategy" diskutiert (Chandler 1966). Heute ist es vielmehr erforderlich, statt eines sukzessiven, nachträglichen Folgens struktureller Anpassung an strategische Änderungen zu einer Simultaneität der Anpassung von Strategien und Strukturen vorzustoßen, ja, vielleicht sogar zu einer vorausschauenden Reorganisation, die es ermöglicht, zukunftsweisende Strategien zu finden, zu formulieren und durchzusetzen: Mit dem beschleunigten Wandel wird Reorganisation zum Dauerthema. Dabei werden vermehrt Prozesse der Selbstorganisation und Selbstentwicklung von Systemen zum Einsatz gelangen. Dies verlangt eine hohe Sensitivität für externe Veränderungen, die Bereitschaft zur flexiblen Anpassung und Mobilität des Personals.

Die Unternehmungskultur als Ort einer Vertrauensorganisation

Die strukturelle Gestaltung einer Unternehmung wird von Normen und Werten getragen, die sich unternehmungsspezifisch kulturell entwickelt haben.

Bürokratische Strukturen hinterlassen ihre Spuren in der Unternehmungskultur

Die Historie der organisatorischen Gestaltung hinterläßt tiefgreifende Spuren in den Unternehmungskulturen, die nicht in plötzlicher Erkenntnis einfach „per order de mufti" ausgelöscht werden können. Mißtrauensorganisationen erzeugen bürokratische Denk- und Verhaltensweisen: „Don't stick your neck out!" könnte ihre Devise lauten.

Werden die damit verbundenen Prinzipien zur Selektion, Einstellung, Beförderung und Gratifizierung von Mitarbeitern über längere Zeitstrecken angewandt, verlassen die nicht-paßgerechten Personen freiwillig oder unfreiwillig eine derart organisierte Unternehmung.

Im Ergebnis findet sich dann kaum eine kulturelle Basis für die Gestaltung einer Vertrauensorganisation. Selbst dort, wo dieser Extremfall einer bürokratie-erzeugenden und innovationsfeindlichen Struktur nicht gegeben ist, können sich einige, das Vertrauen erschütternde Handlungsweisen der Spitzenführung tief in das kulturelle „Bewußtsein" einer Unternehmung eingraben und die Voraussetzungen für einen Schwenk zu einer bewußter gehandhabten Vertrauensorganisation nachhaltig stören.

Junge Unternehmungen mit kaum einer (Vor-)Geschichte tun sich hier in ihrem häufig ungebrochenen Glauben an die Zukunft viel leichter: Weder Strukturen und Kulturen sind hinreichend geprägt, um behindernd oder befördernd zu wirken.

Maßnahmen der Kulturpolitik in einer Unternehmung haben regelmäßig bei den Mitarbeitern und den Rahmenbedingungen ihrer Systemintegration, und hier insbesondere bei der verhaltenslenkenden Gestaltung der Anreizsysteme für Führungskräfte anzusetzen. Sie benötigen Konsistenz und Gradlinigkeit ihrer Verfolgung, um langfristig die Grundlage für eine Vertrauensorganisation abgeben zu können.

Der Weg vom Verlassen einer Mißtrauensorganisation, der schließlich zu einer Organisation führt, die vom Vertrauen in die zweckkonformen und zielgerichteten Absichten und in die Eigenständigkeiten der Fähigkeitsentfaltung der Mitarbeiter getragen ist, kann bei Unternehmungen, die erst die alten Kleider eines eingespurten Mißtrauens ablegen müssen, unwegsam, voller Überraschungen, ja dornenreich sein. Trotzdem ist er einzuschlagen, wenn man wieder innovativ in der Technologie, kundennah auf dem Markt und flexibel im Hinblick auf die vielfältigen Überraschungen unserer Umwelt agieren will – ganz zu schweigen vom Erfüllen der „humanen Invarianten", die unsere Mitarbeiter als soziale Wesen an die Organisation anlegen.

Traditionskulturen verdrängen die Innovation

Das überkommene zweckrational, kausalanalytisch ausgerichtete Denken über Aufgabe, Funktion und Wesen von Unternehmungen im generellen und Unternehmungsführung im speziellen läßt wenig Raum für ein ganzheitliches, kulturbezogenes, mehr hermeneutisches Verstehen der Unternehmungsrealität, wie es die Umsetzung eines 'weichen' Führungsinstrumentariums voraussetzt. Um von einem rein mechanistischen Gestaltungs- und Lenkungsauftrag der Unternehmungsführung zu einer evolutorisch orientierten Perspektive der Entwicklung von Systemen zu finden, ist ein schrittweises Brechen mit der ökonomistisch-technokratischen Denkhaltung, die von der 'Exaktheit' und 'Berechenbarkeit' eines naturwissenschaftlich geprägten Weltbildes ausgeht, und die Hinwendung zu einem evolutionstheoretisch fundierten, sozialwissenschaftlichen Weltverständnis unumgänglich:

Die gelenkte und gestaltete Evolution wird zum unternehmungsphilosophischen Maßstab erhoben.

Die Kultur einer Unternehmung umfaßt ein Bündel an affektiv gewonnenen, verhaltensprägenden Wertvorstellungen und einen kognitiven, handlungsleitenden Wissensvorrat. Sie bildet sich im Sozialisationsprozeß der in einer Institution tätigen Menschen evolutorisch 'spontan' heraus und prägt über Generationen hinweg deren Einstellungen und Erfahrungen. Das Lernen an mehr oder weniger erfolgreich gelösten Problemen, an der Wirksamkeit und dem Risiko spezifischer Verhaltensweisen prägt sukzessiv ein spezifisches Muster des Sozialsystems der Unternehmung aus.

Die Kultur verleiht der Unternehmung ihre eigene, unverwechselbare Systemidentität – nach innen wie nach außen. Über die Unternehmungskultur wird den Systemmitgliedern ein Korridor für das zukünftig von ihnen erwartete Verhalten signalisiert und damit einem Autopilot gleich (Wilkins 1983) das Verhalten des Systems und seiner Mitglieder auf die erwünschte Flugbahn eingependelt. In ihrer Mittlerstellung zwischen vergangenheitsorientiertem Wissen, gegenwärtigen Werten und zukünftigem, intendiertem Verhalten wirkt die Unternehmungskultur als Katalysator von Innovation und Tradition in der sozialen Evolution der Unternehmung.

Personalentwicklung als Schlüssel der Kulturentwicklung

Unternehmungskulturen sind in einem evolutionären Prozeß entstanden, in dessen Verlauf nicht alle Facetten der spontanen Ordnung des Sozialsystems Unternehmung gestaltet werden können und gestaltbar sind. Damit verweisen sie unseren Machbarkeitsanspruch deutlich in seine Schranken. Ansatzpunkte für eine dennoch partielle, nicht im Detail beherrschbare Änderung des Wert- und Wissensvorrates des Systems bietet die bewußte Schaffung von Rahmenbedingungen für die soziale Evolution. Immer dann, wenn das aktuell gültige Perzeptions- und Präferenzsystem als dysfunktional für den Fortgang der

Unternehmung erkannt wird – wobei auch dieser Erkenntnisprozeß selbst wieder in seiner Tragweite kulturdeterminiert ist – wird eine rahmengebende Politik der Unternehmungskultur überlebenskritisch. Zwei grundsätzliche Vorgehensweisen stehen dabei zur Auswahl:

- eine Kulturrevolution durch das schlagartige, kurzfristig wirksam werdende Austauschen von Personen, wenn für eine längerfristig angelegte Kulturrevolution weder Mittel noch Zeit zur Verfügung stehen, oder

- eine längerfristig angelegte Kulturevolution, die vorhandene Entwicklungspotentiale der Menschen in der Unternehmung aktiviert. Um die angestammten Verhaltensweisen zu verändern, wird ein Prozeß des Entlernens und Erlernens von Verhalten erforderlich, der Zeit, Geduld und Hartnäckigkeit benötigt, um Erfolge zu zeitigen. Das sichtbare Vorbild und das konsequente Vorleben von Führungskräften lassen die neuen Werte ebenso im System diffundieren wie ein die zukunftsführenden Verhaltensweisen gratifizierendes Anreiz- und Belohnungssystem.

Die zentrale Bedeutung, die den Human Ressources, der „software" des Systems beim Übergang von der gegenwärtig aktuellen zu einer gewünschten zukunftsführenden Unternehmungskultur zukommt, dürfte damit nachhaltig unterstrichen sein. Die Philosophie der Unternehmungsführung hat, will sie diesen Ansprüchen in Zukunft gerecht werden, sich schwerpunktmäßig weg von den 'material' und 'financial assets' den traditionellen, 'hardware'-orientierten Aktiven einer Unternehmung, hin zu den 'weichen' Faktoren zu orientieren und die soziale Evolution in den Mittelpunkt ihres Handelns zu stellen. Sie ist zu unterstützen durch eine Vielzahl – eher noch in der Entwicklung befindlicher – Verfahren, die notwendige Änderungsprozesse auslösen, unterstützen und begleiten.

Alfred North Whitehead hat das vorliegende Problem des Wandels wie folgt formuliert:

„Die Kunst des Fortschritts besteht darin, inmitten des Wechsels Ordnung zu wahren und inmitten der Ordnung den Wechsel aufrechtzuerhalten".

Im Ersten scheinen wir Meister zu sein. Können wir nicht auch das Zweite lernen?

Literatur:

Bleicher, K: Chancen für Europas Zukunft: Führung als internationaler Wettbewerbsfaktor. Frankfurt-Wiesbaden 1989.

Bleicher, R: Das Konzept Integriertes Management. Frankfurt/M. - New York 1991.

Brockhoff, K: Schnittstellen-Management. Abstimmungsprobleme zwischen Marketing und Forschung und Innovation. Stuttgart 1989.

Chandler, A.: Strategy and Structure – Chapters in the history of the industrial enterprise. 3. Aufl., Cambridge (Mass.) – London 1966.

Drucker, P.: Managing in Turbulent Times. New York-Toronto 1980.

Reich, R.: The Next American Frontier. A Provocative Program For – Economic Renewal. New York 1983.

Reich, R.: Tales of a New America. New York-Toronto 1987.

Schanz, G.: Organisationsgestaltung – Struktur und Verhalten. München 1982.

Solaro, D.: Betriebswirtschaftslehre und Ethik. Festvortrag an der Universität Stuttgart. 27.9.1989.

Taylor, F.W.: The Principles of Scientific Management. New York 1911.

Wilkins, A L: The Culture Audit. A Tool for Understanding Organizations. In: Organizational Dynamics (2/1983, S.24-38).

Autoren

Prof. Dr. Knut Bleicher:
Leiter des Instituts für Betriebswirtschaft an der Hochschule St. Gallen

Dr. Werner Burckhardt:
Director Components and Products Business Group Europe, Digital Equipment International GmbH

Manfred Döcke:
Leiter Packaging-Development, seit vielen Jahren verantwortlich für Total Quality Management bei der Elida Gibbs GmbH

Dr. Peter Friedrich:
Leiter Organisation, Deutsche Babcock AG

Eginhard Jungmann:
Direktor in der Zentralabteilung Produktion und Logistik, Siemens AG

Walter Kummetsteiner:
Geschäftsführender Gesellschafter der Knauer Industrietechnik GmbH, er war zuvor 6 Jahre Werksleiter bei der Weinig AG

Prof. Dr. Heribert Meffert, Institut für Marketing, Westfälische Wilhelms-Universität Münster

Dr. Walter P. Meier:
Leiter Produktforschung, Procter & Gamble

Dr. Tom Sommerlatte:
Managing Director, Arthur D. Little Europe